やればやるほど
実現する!

「引き寄せ」に成功する人がやっている小さな習慣

水谷友紀子

講談社

まえがき

人生を思い通りにしたいなら、人生を思い通りにしている人の真似をせよ！

今から二十数年前、人生の大きな夢を掲げたにもかかわらず、私はそれを達成する方法もお金もなにもかも持ち合わせてはいませんでした。どうすることもできず、ただひたすらもがき苦しむ毎日を送っていた私は、ある日一冊の本に偶然出会いました。その中には、自分の夢を実際に実現した人や奇跡を起こした人の体験談が載っており、「夢は叶う」と書いてあったのです。そして、詳しいやり方の説明はありませんでしたが、「夢が実現したところをイメージするのだ」と……。

「もうこれしかない！」と、藁にもすがる気持ちで、私は早速その本に書いてあったことを実行に移しました。つまり、自分の夢が叶ったところを「イメージ」してみたというわけです。もしもこのとき、私がただ漠然と本を読み、「ふ～ん、世の中にはこんな人たちもいるのね？」という感想だけで終わっていたとしたら、もしもこのとき、本の言うことに素直に従って「イメージ」するということなどしていなかったら、その後の私の人生で「奇跡の連続」など決して体験することはなかったでしょうし、当然のことながら、現在の「人生を思い通りに生きる私」の存在はあり得なかったことでしょう。

つまり、**私はすでに人生で奇跡を起こしている人、すでに人生を幸せに生きている人、人生を思うがままに歩んでいた人の「真似をした」のだということです。**それは「イメージ」という、行動ではなく内面的なことで、まったくの手探り状態のものではありましたが、とにかく直ちに「やってみた」のです。そして、本当にやってみたからこそ、天地がひっくり返るほどの奇跡の連続を体験できたのです。そして、このとんでもない体験の全容を解明したくなり、以来20年以上にわたって「創造力」「思考」「イメージ」など目に見えないパワーについて研究し、「人生を思いのままにする方法」「幸せな人生を生きる方法」を探究することになったのです。

「成功している人の心は、いつも忙しい」

私たち人間は、外見的な面を見ている限りは、「あの人、高そうな洋服着ているわね？」とか、「この方は、シャキッとしてるわね～」くらいの多少の違いしか認識することができません。でも、実は「引き寄せ」に成功する人々、人生を幸せに生きている人々、次から次へと成功を収めていくような人々は、他の人とはまったく思考の使い方が違うのだということに気づいていましたか？　この「思考の使い方」こそが、あなたの人生を幸せなものにするか、そうでないものにしてしまうかの決定的な要因なのです。

一言で言えば、外見上はどう見えようと、「成功している人の心は、いつも忙しい」ということです。このような人々は、自分の思考を「能動的」に、いつも自分にとってできるだけ都合のいいように賢く上手に働かせているのだということ。そして、その他の人々は、いつも外からの情報にただ受動的に反応し、外の出来事や自分の感情に翻弄され、ほとんど思考を能動的に使ってはいないのだということです。

自分の人生をもっと豊かに、もっと幸せに生きたいのなら、そしてもっと夢を実現していきたいのなら、すでに「そうなっている人」の真似を徹底的にすることとです。特に人生を思い通りに生きている人々の「ものの見方」「考え方」「思考の使い方」を徹底的に盗んでください。そして、もちろん実際に「やってみること」です。これが他のどんな方法よりも確実に成功していく近道だと私は信じます。

「思い通りにならない人生」に決して甘んじるな！

本書では、「引き寄せ」に次々と成功し、奇跡を連発していく人々や、人生を思い通りに生きる人々の日々の習慣について書かせていただきました。このような人々が「普段どんなふうにものを見ているのか」、そして「どんなふうに考えているのか」、そして「それをどんなふうに自分の人生に活かしているのか」ということを少しでもみなさんにつかんでいただけたらと思います。そして、できることからで構いませんが、今度はドンドンそれらをご自分の人生に応用してみてください。

「なにも上手くいかない」とただ嘆き悲しみ、あなたの貴重な時間とエネルギーを無駄にしてはいけません。あなたは、そんな「思い通りにならない人生」に決して甘んじてはいけない人なのです。なぜならば、私たちすべての人間には、「創造力」という人生を思いのままにできる素晴らしいパワーが生まれながらに具《そな》わっているのですから……。

さあ、本書を徹底的に活用していただき、奇跡や魔法を簡単に引き寄せ、人生を思いのままに生きる「引き寄せの達人」の仲間入りを、あなたもさっさとしてくださいね！

やればやるほど実現する！
「引き寄せ」に成功する人がやっている小さな習慣 ◎ 目次

Chapter2

イメージで引き寄せる

Chapter3

アクションで引き寄せる

Chapter4

自分プロデュースで引き寄せる

あとがき

Chapter1

言葉で引き寄せる

「自分が発信した言葉は自分に返ってくる」ことを理解している

私たちは、普段、あまりよく考えもせずに、何気なく言葉を次々と発信してしまっているものですが、「言葉の持つエネルギー」に気づいている人はそう多くはいないようです。「言葉」も私たちの思考を表現する一形態ですから、当然、「引き寄せの法則」を発動させる一因となります。『誰でも「引き寄せ」に成功するシンプルな法則』（講談社）に詳しく書きましたが、「引き寄せの法則」が働き出すメカニズムというものがあるのです。つまり、私たちが日々発信している思考が、どのように「現実化」していくのかというプロセスです。

私たちの意識には、「顕在意識（表層意識）」と「潜在意識（無意識）」があり、私たちがいつも意識的に使っている「顕在意識」が発信したもの（思考、言葉、イメージ）は、まず「潜在意識」に届けられ、そして「潜在意識」から今度は宇宙に伝わって、宇宙がそれを「現実」という形として私たちの人生に返してくるのです。

潜在意識は、「言葉」よりも「イメージ」により強く反応することがわかっているので、私は「ビジュアライゼーション（想像する）」を「夢を叶えるためのもっとも簡単な方法」としておすすめしているのですが、だからといって「潜在意識」が「言葉」に反応しないわけではありません。

また、「潜在意識」は、「一定の時間心に留めたもの」「強烈に思ったり考えたりしたこと」「頻繁に思ったり考えたりしたもの」を必ずキャッチしてしまうので、何度も何度も頻繁に繰り返しているような言葉は、良きにつけ悪しきにつけ現実化してしまいます。しかも、たとえその言葉を自分にではなく、誰か他の人に対して投げかけているような場合でも、その言葉は「あなた」の現実として返ってきてしまうことを理解している人は圧倒的に少ないのが現状のようです。

私が小学生くらいの頃から、父親が年がら年中言っていた言葉がありました。私の母親や私たち子どもが父の言うことに耳を傾けなかったりすると、彼は決まって二言目にはこう言ったものです。「他人の話を聞かない奴はな、耳が聞こえなくなるんだ〜っ！」

なぜ、父がこんな考え方を持ち始めたのかは私にはわかりませんでしたが、そこには、いつもものすごい怒りの感情がこもっているかのようでした。私たちは何度も何度もこの言葉を聞かされ、耳にタコができるほどでしたが、聞かされる側としては「一番他人の話を聞かない人にそんなこと言われたって……」と思い、「またか！」と心の中でいつも受け流していました。

そして、こんな言葉を繰り返し私たちに投げつけていた父親が、まだ50歳になるかならないかの頃から耳が悪くなり始め、補聴器が必要となり、ついにはほとんど耳が聞こえなくなってしまったのです。

当時は、私もまだ「引き寄せの法則」の存在自体わかっておらず、この「原因」と「結果」の関係を本当に理解できたのはずいぶん後になってからのことですが、「なんか不思議だな〜？『耳が聞こえなくなるぞ！』と年中他人に言っていた『まさにその人』の耳が聞こえなくなるなんて……」と思っていたものです。

実は、私自身も同じような不思議な経験をしたことがあります。何年か前に、ひとり暮らしのいとこのマンションに数日間泊まらせてもらう機会がありました。数日間一緒にいると、あることが目につき始めてしまいました。私がトイレに入ろうとすると、必ずトイレのドアが半開きになっているのです。毎回そうだったので、とても気になってしまい、ついにいとこに言ってしまいました。「ねぇ、トイレのドア、いつも半開きになってるわよ」と。いとこの反応は、「あら、そう？」というだけのものだったのですが……。

その後、私は自宅に戻り、また前と変わらぬ生活を始めました。すると、ある日突然、気がついてしまったのです。自分はトイレのドアをきちんと閉めたつもりなのに、不思議とそれがいつも半開きになっていることを……。

その時点で、私はとっさに気づいたのです。「あっ！　いとこに言ったつもりだったのに、私自身に返ってきちゃった！」と……。その後しばらくの間自分を観察していたのですが、毎回本当に注意深くトイレのドアを閉めたつもりなのに、なぜか必ずまたまた半開き……。そして、私の意識の中から、トイレのドアのことが気にならなくなるまでその状態が続いたのです。不思議でしょう？

私たちは、いつもあまり考えもせずに口から飛び出してくる言葉を次から次へとただ発信し続けていますが、**実はその言葉のひとつひとつが、私たちの現実を創り上げる一因となっていることを理解し、今後は自分の発信する言葉にも注意するようにしましょう。**また、自分自身に投げかけているのではなく、他の人に対して発する言葉でも、結局「それ」によって自分自身が囚われてしまい、その結果をまた自分の現実として引き受けることになるのだということをよ～く覚えておいていただきたいと思います。

あなたの「言葉」が、あなたの未来を創る！

「私にはできない」などと決して言わない！

アメリカの自動車王ヘンリー・フォードのこんな有名な言葉をご存じでしょうか？「自分にはできると考えても、自分にはできないと考えても、どちらも正しい」。「引き寄せの法則」の観点からすると、まさにこの通りなのです。だって、あなたが「できる」と思ったことは、あなたが心からそう信じ込んでいたら絶対にできるでしょうし、あなたが「できない」と思ったことは、あなたが心からそう信じ込んでいる限り絶対にできないものだからです。

『誰でも「引き寄せ」に成功するシンプルな法則』の中にも書きましたが、私の母は「私にはできない」といつも口走ってしまう典型的なタイプです。現在は、私のマンションで一緒に暮らしていますが、以前、別々に暮らしていた頃、母が私のマンションに遊びにきて、帰るときに玄関のドアを開けようとするたびに、「開かない、開かない！」と鍵をいじくりまわすのです。ツマミの部分を押さえながら回す、というただそれだけのことなのですが、いつも決まって鍵を開けられませんでした。

本人が「開かない」と思い込んでいる限りは、絶対に開かないのです。こんな誰にでもできるような些細なことでも、自分が「できない」と思い込んでいることは、たとえできる可能性が200パーセントあったとしても、絶対にできなくなります。

私のところにご相談にみえるクライアントのみなさんの中にも、「私、引き寄せができないんです」と、いきなりおっしゃる方がときどきいらっしゃいます。そんな方に「それじゃあ、今までどんなものを実際にビジュアライゼーションしてみましたか?」とお尋ねすると、「そういえば、意識的にはまだなにも……」とおっしゃるのです。ビジュアライゼーションもしていないのに、なにも引き寄せられないのは、私からすれば至極当然の話です。まだ実験も「始めたことがない」のですからできるもできないもなく、結果が出ていないだけなのですが、すでに当のご本人は「私は引き寄せができない人」というレッテルを自ら貼ってしまっています。

このように多くの人が、まだ自分で一度も経験したことがないにもかかわらず、それをやる前から「私にはできない」と勝手に決めつけ、やればできるかもしれない自分の可能性を自らの手で潰したり制限したりしてしまっているわけです。

また、他の人から「あなたには無理よ」と言われると、すぐに心が折れてしまい、「そうよね、やっぱり私には無理だわ」と信じ込んでしまう方も多くいらっしゃいます。もしも私がその人と同じような生き方をしてきていたとしたら、私はミズーリ大学のジャーナリズム学部に入ることなどできなかったでしょうし、市議会議員の選挙に出て当選をすることもなかったでしょうし、またこのように本を出版することも不可能だったことでしょう。だって、周りの人たちからは、私がこういうことにチャレンジしようとするたびに「あなたには無理！」「なに考えてるんだ？」と何度も何度も言われ続けてきたのですから……。

でも、誰がなんと言おうと、いつだって私だけは私の可能性をひたすら信じ続けてきました。「私には絶対できる！」と……。だって、自分自身の考え方こそが、自分の人生を創っているのですから。

読者の方からも「自分にもできる」と信じて「引き寄せ」に成功した、こんな素敵な体験談をいただいています。

＊＊＊

昨日会社の先輩の男性とランチに行った後、本屋に寄って水谷さんの新刊を立ち読みさせました。「これ、すっごく良い本なんです。私の体験談も載ってるんです！」って（笑）。でも明らかに彼が読まなそうなジャンルの本でしたので、「へ～、そうなんだ」とリアクションもいまいちでした。

その後、会社に戻って、彼が周りの方に何か話していました。聞くと、デスクトップのあるフォルダがどうしても削除できないままもう3日間も過ぎてしまったようです。ＰＣに詳しい方も削除しようとしますがなかなか消えません。

「これはチャンス！」とフォルダが削除できて喜んでいる姿をイメージ。そして、「私にやらせてもらっていいですか？」と削除ボタンを押したら1秒であっさり消えました（笑）。

「どうして消えたの？」とみんな騒いでいるなか、私は言いました。「消えない消えないと思ってるから、消えないんですよ」。それをきっかけに周りの方もすっかり影響を受けたようで、彼は今日も探しものを「あるある、絶対ある……」とつぶやきながら探していました。もちろん、探しものはすぐに見つかったようです！

ＥＨ様

これからは「私にはできない！」などと決して軽々しく口にせず、「私にもできる！」と信じてなにごとにも怯まずに挑戦して行きましょう！　だって、「できる」も「できない」も本当はすべて「あなた」が決めることなのですから……。

自分からネガティブな言葉を振りまかないよう注意を払っている

ほとんどの人が、普段自分がどんなことを口にしているのかを考えもせず、しかも、自分が何を言ったのかすら覚えていないものです。アメリカでのある調査によると、平均的な人が一日に漏らす不平の数は、小さいことまで含めて70回もあるとのこと。あまりにすごい数に驚いてしまいますよね？

そういえば、ときどきこんな人がいます。会社への不平・不満がやっと終わったかと思うと、今度は家族の誰それに関する愚痴が始まり、挙げ句の果てには自分の体調の悪さを延々と話し出し……。聞いているほうも悶々としてきてしまい、たまったものではありません。もしかすると、そんなネガティブな人からの話がきっかけとなって、自分の過去の悪い体験も知らず知らずに思い出してしまい、自らますます嫌な気持ちになってしまうことだってあるのです。

「引き寄せの法則」をよく理解している人は、自分から発信する不平、不満、愚痴などのネガティブな言葉は、当然、自分になんらかのネガティブな現実として返ってくるだろうことをわきまえていますし、それ以上に、そのときに周りの人に対してもネガティブな影響を与えてしまうだろうこともわかっていますので、自分の話す言葉や内容に注意を払っているものです。

あるとき、こんなことがありました。同級生数人で喫茶店で待ち合わせをしていたときのこと。一番最後に駆け込んできた友人が、席に着くなり、「最近ね、私、インフルエンザにやられちゃって……」と話し始めたのです。すぐに終わるだろうと思っていたのですが、なにも気づかずに延々と話していたので、ついに私は彼女に言ってしまいました。「インフルエンザの話がみんなにこびりついちゃったら大変だから、もうこの辺でやめとこうよね」と……。彼女にはあまり理解できていないようでしたが、ちょうど彼女が来る直前まで、みんなで「引き寄せの法則」の話をしていたところだったので……。

つい最近もこんなことがありました。あるスポーツの有名選手が、私たちにあまり馴染みのない珍しい病気になったとの報道が相次ぎました。その後、私はふたりのクライアントの方から、同じようなことを繰り返しうかがったのです。「報道を見て、私ももう何年も起きていなかった同じ病気を持っていたことを思い出してしまったら、翌日、それを発症してしまいました」と……。こうして、何気なく耳から入ってきてしまうような情報に対しても、私たちはいつもなんらかの反応をしているということです。

私にもこんな大失敗の経験がありました。『私も運命が変わった！　超具体的「引き寄せ」実現のコツ』（講談社）にも書きましたが、あるとき、友人からの電話で「五十肩になっちゃって……」という話を聞いた私は、「四十肩は聞いたことがあるけど、五十肩ってなに？」「五十肩って？」とうっかり無意識に繰り返し思っていたために、数日後、まんまと自ら「五十肩」を引き寄せてしまいました（もちろん相手の方は「引き寄せの法則」を理解していなかったので、決して悪気があったわけではありませんが……）。

私の場合は、「引き寄せの法則」を理解しているので、「やだわ～！　私ったら五十肩を心にこびりつけちゃったのね～」と痛みをこらえながらも自分の失敗を大笑いできますが、「引き寄せの法則」を理解していない人にとっては、もし「五十肩」の話を他の人から聞いた直後に「五十肩」になってしまったら、「突然の災難」以外の何ものでもないと思います。このように他人にネガティブな言葉を振りまくのは、どう考えても決してよろしくはないですよね。

潜在意識は、「良い」とか「悪い」の判断がつかないものです。なので、あなたがたとえ「それ（例えば五十肩）」が欲しいわけではなくても、あなたが「それ」を何度も心の中で繰り返してしまったりすると、潜在意識は「何度も考えるってことは、あなたはきっと『それ』がそんな

に欲しいのね？」と解釈してしまい、見事に現実化してしまうわけです。また、過去に持っていて忘れてしまっていたかのような病気でも、なにかをきっかけに記憶が呼び覚まされてしまい、またリアルに実感してしまったりするがゆえに「それ」をまた引き寄せてしまうものです。

「引き寄せの法則」をまったく知らない人なら致し方ありませんが、「引き寄せの法則」を理解している私たちは、できるだけ自分の口からネガティブな言葉を発しないよう日々自分を客観的に観察し、ましてやそれを他の人々に振りまくことは、今後できるだけ控えるように注意しましょう。

ネガティブな言葉は、ネガティブな現実として返ってくる！

自分の「口癖」を常にチェックしている

私たちの多くは、自分の「癖」になかなか気づかないで過ごしています。ある日、爪を噛む癖のある友人に「ねぇ、あなたって爪を噛む癖があるわよね？」と何気なく言ってみたことがあります。すると、彼女は「えっ？　ホント？　私、今まで気づかなかった！」とびっくりしてしまって、こっちがびっくりしました。だって、彼女が普段噛んでいる指の爪は、極端に短くなっていて変形さえしてしまっているのです。また、自分の貧乏ゆすりにまったく気がつかない人もいますよね。

　このように表面に出ている「癖」にもなかなか気づかないでいるわけですから、目には見えず、すぐに消えてしまう言葉の癖、つまり「口癖」を自分で発見することはなかなか難しいことかもしれません。でも、爪を噛む癖や貧乏ゆすりの癖が、周りの人たちには知られているように、「口癖」も本人は気づかないけれど、案外周りの人は知っているものかもしれません。

誰でもよ～く観察していると、たいていいくつかの「口癖」を持っているものです。「口癖」には、もちろん「好ましいもの」もありますし、「好ましくないもの」もあります。

「好ましい口癖」とは、例えば「きゃ～っ、最高！」「私ってなんてツイてるんでしょう！」とか、「イケてる、イケてる！」などなど……。逆に「好ましくない口癖」とは、よく若い子が使う「最悪～っ！」とか、「どうせ私なんて……」とか、「お先真っ暗」とか……。

もちろん「好ましい口癖」は、本人に良い影響を与えるのでなんの問題もなく、また、感情のあまりこもっていない口癖も気にすることはないのですが、問題なのは、いつも「それ」に感情がこもっている「好ましくない口癖」です。

すでにみなさんご承知のように、**頻繁で、しかも感情がこもっているような口癖は、確実に潜在意識に届き、現実化してしまいます。**潜在意識は、「良い、悪い」の区別はつきませんから、「こんなに頻繁に、しかも感情を込めて言うんだから、よっぽどそれが欲しいのね？」と解釈するわけです。そして、見事にあなたの元へ「それ」を現実として返してきます。

つまり、「最悪～っ！」なんていう「口癖」を持っている人は、またまた本人が「最悪」だと思ってしまうような事態を次から次へと無意識に自分に招き寄せているのだということです。

この「口癖」に関して、私にはとっても苦い思い出があります。もう何年も前、私が市議会議員をしていたときのことです。市議会議員の大きな役割のひとつは「行政をチェックする」ということです。議会で行政側に対して「みなさん、本当にいつもよくやってくださってますね〜！素晴らしいです！　なにも言うことはありません」では、まったく仕事になりませんからね。つまり、私は「どこかに不備、不正、問題等はないか？」といつもネガティブな点に目を光らせていたわけです。そして、そんなことを見つけるたびに憤慨してしまい、「一体、行政はなにやってんの？　もうムカムカする！」とか、「頭に来過ぎてヘドが出そう！」とか、知らず知らずにそんな言葉を何度も何度も口にしていました。

ある日の本会議でのこと。その日は、私が本会議での質問に立つ日でした。自分の名前を呼ばれ、いつもと同じように壇上に上がっていき、いつもと同じように気合を入れながら質問を始めました。……すると、質問原稿を読み始めてからものの5分と経たないうちに、いきなりものすごい吐き気に襲われてしまい、「ウッ」となったまままそれ以上喋れなくなり、口を押さえながら慌てて壇上から降り、本会議場を飛び出してトイレに駆け込みました。

この私の突然の失態によって、本会議は「暫時休憩」となり、なんとその後の本会議は2時間もストップしてしまい、みなさんに大変ご迷惑をお掛けし、おまけに翌日の新聞の地元版には、「あり得ない珍事」のような記事を書かれてしまいました（そりゃあそうですよね？　本会議中の質問の最中に自分の質問を放り出して、トイレに駆け込んだ議員など過去にいなかったことでしょう）。

そして、そのときには、「風邪でもひいたんだろう？」くらいにしか思わず、まったく「吐き気」に関しては気にも留めませんでした。

そして、それから3ヵ月後の次の議会でのことです。「今度はしっかりやってね！」ということで、またまた私が本会議の質問に立つことになりました。そして再び本会議場の壇上へ登りました。そして、またいつもと同じように質問原稿を読み始めると……。今度は、ものの3分ほどでいきなり「ウッ」と来たのです。そして、こらえ切れなくなった私は、前回とまったく同じように本会議場を突然飛び出し、トイレへと駆け込みました。

この時点で初めて、「おかしい！　私がなにかをやってしまっている」と思ったのです。いろいろこの原因になりそうな「私の思考」を片っ端から探ってみました。すると、バッチリ思い当たるフシがあるではありませんか！　そう、原因は私が年中言っていた「口癖」、「ムカムカする！」「ヘドが出る！」でした……。そして、本当に私は自分で「ムカムカ」を引き寄せ、ついには「ヘドが出て」しまったのです。

これを発見したときには、またまたひとり大笑いをしてしまいましたが、それにしてもこの

「口癖」がすごい形で現実となってしまったことに、我ながらびっくりしてしまいました。そして、ついでに周りの友人・知人にも片っ端から聞いてみたのです。「ねぇ、私ってよく『ムカムカする』とか、『ヘドが出る』って言ってなかった?」と……。すると十中八九みんなが「言ってた、言ってた!」と言うので、またまた私はひとり「やっぱり!」と心の中で大笑いをしていました。

その後、なにが原因かがわかった私は、直ちにこの「悪い口癖」をきっぱりやめることにしました。未だに当時の私の状況を覚えていらっしゃる方にお会いすると、「その後、体調は大丈夫ですか?」と聞かれてしまうことがあるのですが(それだけ市内に噂が広まってしまったのです)、「はい、口癖を変えたらすっかり良くなりました」とはいちいち説明できず……(笑)。

でも、それ以来、この「口癖の威力」に気づいてしまった私は、できるだけまめに自分の口癖をチェックするようになりました。だって、知らず知らずのうちに、こんな口癖のためにとんでもないことを引き寄せちゃっていたら嫌ですもんね! **一度みなさんもぜひご自身の「口癖」を調べてみてください。ご自分でわからないときは、周りの方がきっと教えてくださることでしょう。**

他人からのマイナスな言葉は上手に聞き流す

物事に取り組んで成功する人の確率は、だいたい5パーセントくらいだと言われているのをご存じでしょうか？　例えば、難関大学に入学する学生の割合、同期入社で役員になれる人の割合、一流といわれる営業マンの割合、果ては投資で儲けている人の割合などなど、これらはすべておよそ5パーセントの人なのだそうです。成功者の割合が5パーセントくらいだと言われる所《ゆ》以《えん》でもあるのでしょう。

さて、実際に私もずいぶん前から世の中をじっくり観察していて、「引き寄せの法則がわかる人は、だいたい5パーセントくらいの人だなぁ？」と感じていました。つまり、5パーセントの人だけが、「そう！　こんなことって起こるわよね」と感じるのですが、95パーセントの人にいくら「思考は現実になっているんですよ」「夢は叶うんですよ」などと一生懸命お話ししても、悲しいかな、なかなか理解してもらえないということです。

しかし、私たちの現実の生活では、圧倒的にこの95パーセントの人に囲まれているわけです。あなたがどんなにポジティブな夢を語っても、「なに寝ぼけたこと言ってんのよ！　現実をちゃんと見なさいよ、現実を！」ということになるでしょう。そして、こんなことを聞いてしまったあなたはひとり落ち込むわけです。「そうよね、どうせ夢なんて叶うわけないのよね」と……。「あ〜あ！　あなたのほうがちゃんと目覚めているのにもったいない！」私があなたの横にいたら、そう声をかけてあげられるのに残念です（笑）。

なにが言いたいのかというと、**「数の勝負」ではないのですから、周りのマイナスの言葉に振り回されないでくださいね、ということです。**そもそもあなたが相談する相手を間違えているのかもしれません（ま、悲しいですが、５パーセントしかいませんので、そうそう話が通じる人はいないでしょうけれど……）。だから、できるだけあなたの大切な夢は、理解してもらえないような他人には語らないほうがベターなのです。

また、普通の人が発信する一日６万もの思考のうち、約80パーセントがネガティブなものだと言われていますから、「引き寄せの法則」や「潜在意識」についてまったく知らない人は、ほとんどネガティブな思考を無意識にバンバン出しているハズなのです。それをいちいちあなたがまともに受けていたら、きっとクタクタに疲れてしまうことでしょう。

また、こんな人も結構いるのですが、例えば「専門家と呼ばれる人の言葉」を聞くと、すぐにそれを真に受けて、信じて、ひとり落ち込んでしまう人。例えば、「調子が悪い」と思って病院に行き、「○○病」と言われると、その人はすっかりその病気になってしまいます。また、彼となんだか上手くいっていないので、その原因を探りたいと占いに行き、「あなたと今の彼との相性は最悪よ」などと言われ、それをすっかり信じ込んでしまう。

私は、病院や占いが悪いと言っているわけではありません。**すべては「あなた」がどう思うかにかかっているのだということです**。でも、注意していただきたいのは、私たちは「専門家の言葉」にはとても弱いものです。見識のある人からなにかを言われると、「専門家の言うことだから本当に違いない」と思い込む「癖」があるのです。そして、それを「真実だ」と勝手に解釈してそう思い込みます。これが良い言葉なら一向に構いませんが、多くの人が、悪い言葉でも同じように信じ込んでしまうのです。そして、あなたが「そう」信じ込むのですから、「引き寄せの法則」によって、悲しいかな、本当に「それ」が現実化してしまうわけです。

次に、読者の方からいただいたお便りをご紹介させていただきますが、みなさんがこんなふうに「他の人（もの）からのネガティブな言葉」を解釈していただけたら最高だと思います。

今仲良くしている男性がいて、私は好意を寄せています。その彼とのデートのとき、彼の態度が「脈なし?」と思えて、何度か携帯のアプリのタロットカードの占いを試していました。デートの前も後も「終わる」「別れる」というカードばかり出ます。

「占いは自分の本音を確かめるツール」と見ているので、落ち込みはしませんでしたが、ちょっと気になりました(占いは好きなので……)。

帰宅して、別のネットの無料カード占いで「3ヵ月後」「1年後」の二人の関係を見てみると、やはり「別れている」「彼の心は離れている」と……。

その直前に、水谷さんのブログを見ていたので、ふと、「この結果は私が意識で引き寄せているのかも!」と思いました。そして、(ちょっと難しいながらも)彼とラブラブにしているシーンをビジュアライゼーションして、同じ占いメニューを引くと、なんと今度は「仲良くなっている」「一緒になっている」と……。

笑っちゃいました!「引き寄せの法則って本当にあるんだな〜」と実感しました。同じ思考を保っていれば、カードにそのメッセージが出るのも、その思考通りの未来が現れるのも、占いが当たる仕組みは引き寄せの法則で証明できるかもしれませんね。ポジティブに考えるにこしたことはありませんね!

KT様

「褒め言葉」が自然に口からあふれでる

例えば、ある日あなたの友人がとても素敵な洋服を着ていたとしましょう。「引き寄せ」が上手い人は、根が素直で単純なので、こういうときにはとっさに「あら〜、素敵ね〜っ！　良く似合っているわ。さすがセンスいいわよね〜」と素直に相手のことを褒める言葉が次から次へとあふれでてくるものです。一方、他の人はこういうとき、心の中では「あら、いいじゃない？」とは一瞬思うもののそれは口にせず、「どこで買ったのかしらね？　ふ〜ん」と思ってしまうようなのです。

ご本人はまったく気づいていなかったのですが、私の知人にこんな人がいました。「あのね、○○ちゃんの結婚が決まったのよ！」と私が伝えた瞬間、長い沈黙の後に出てきた第一声が「ふ〜ん……」。12年間の交際期間を経て結婚することになった友人に対しては、「よく12年も持ったわよね〜」と……。新居を建てた知人の家を訪問した際には、面と向かって「こんな大きな家に息子とふたりで住んでどうするの？」。

つまり、誰かの喜ばしいニュースを聞いた瞬間、その直後に褒め言葉や喜びの言葉が自然に出てくるのではなく、聞かされた本人が「ガクッ！」としてしまうような、けなすような言葉がとっさに口を衝いて出てくるのです（ちなみにいつも彼女は無意識のようです。そして、こんなことを言ったことすらまったく覚えていません。そして、彼女は決して意地悪な性格でもありません）。

さてさて、では、どうして素直に褒め言葉が出てこないのか、おわかりになりますか？ こういうタイプの人は、往々にして、同性の兄弟姉妹がいるものです。同性の兄弟姉妹がいると、小さい頃からどうしても相手を「ライバル」として見てしまう癖がついてしまうようです。つまり、無意識にいつも自分と相手とを比較してしまうということ。

この関係性が、友人等との間でも無意識に出てしまい、他人の良いところを見たとき、あるいは他人の幸せなニュースを聞いたとき、瞬間的にその人と自分を比較してしまい、「幸せでない自分」「負けている自分」に対して落ち込んでしまうのです。そして、嫉《ねた》みや僻《ひが》みの気持ちがとっさに芽生えてしまい、それがついつい口に出てしまうというわけです。

この世に敵やライバルなんてものは基本的には存在しません。だって、私たちは無意識のレベルではみんなつながっていて、お互いに助け合っているのですから……。『私も運命が変わった！　超具体的「引き寄せ」実現のコツ』にも書きましたが、他の人は私たちの望むものを届けてくれるありがたい経路として存在しているのです。

　そして、この「褒め言葉」も、「引き寄せの法則」と深く関わっています。**周りの人を素直に心から褒め、「素晴らしいわぁ！」「素敵ね〜！」と賞讃する人は、「引き寄せの法則」によって、当然のことながら、同じように「素晴らしいわぁ！」「素敵ね〜！」という賞讃を受ける場面が、今度は自分自身に返ってきます。**一方、そうでない人は、同じような場面に遭遇しても、心の中から嫉み、僻みが出てきてしまうので、そのとき、実は本人も自分が惨めな気持ちになっているのでしょうけれど、そんな思いによって、自分自身が嫉み、僻みを感じてしまうような場面を再び引き寄せてしまうのです。

　ただし、だからといって、心にもない「お世辞」を繰り返し、上辺の言葉だけで賞讃を周りに振りまいても、残念ながらなんの意味もありません。**「引き寄せの法則」は、あなたの「見せかけ」に働くのではなく、いつだってあなたの「本心」に働いてしまうものだからです。**

　なにも難しいことではありません。ちょっと練習してみましょう。「素敵だなぁ」と思ったら、ただ正直に「素敵ね〜！」と言えばいいだけのことです。あなたが相手を褒めたからといって、あなたの価値が下がるわけではないのですから……。そして、「そうよね、私ももっと素敵になろう！」と励みにしてください。

また、幸せな人を見たら、「いいわね〜、素晴らしいわぁ！」と素直に言ってみてください。相手が幸せになると、あなたが不幸になるわけではありませんからね。そして、「うんうん、私ももっと幸せになろう！」と相手の幸せから勇気と元気をもらってください。

こうなれば、たとえ今後他人の幸せなニュースを聞いたとしても、あなたもなぜだか無意識に「嫌な気分」になることはないでしょうし、心から相手を賞讃、祝福もできることでしょうし、また、それを自分の励みにすることさえできるようになるので、気分爽快となり、したがってまたまた素敵なことを自然に引き寄せるのです。

賞讃する人は、自分自身への賞讃を引き寄せる

「ありがとう！」をいつもたくさん繰り返している

日々いろいろな人を観察していても、また、全国から毎日いただくたくさんのお便りを拝見していても、「引き寄せ」の上手な人が使う言葉の中には、「ありがとう！」「ありがとうございます！」がとても多いのに気づきます。その一方で、人生があまり上手くいっていない人は、そもそもその上手くいっていない原因を自分以外の人やものに押しつけるためか、文句や愚痴はものすご〜く多いのですが、毎日の生活の中での「ありがとう」という感謝の気持ちがあまり感じられません。**この「ありがとう！」という気持ちが多いか少ないかは、私たちの「人生の質」を決めている大きな要因だと思います。**

毎日の生活の中で「ありがとう！」と思うためには、基本的に「良いこと」を探さなければなりません。つまり、「ありがとう」という感謝の気持ちを日々たくさん出している人は、常にポジティブなものに目を向け、そして感謝の気持ちを感じているということです。そして、当然のことながら、「引き寄せの法則」によって、この「ありがとう」という言葉は、その人にとって、ますます感謝したくなるような素晴らしい出来事を届けます。

一方、この「ありがとう」という気持ちが少なく、不平や不満ばかりの人は、基本的に日々の生活の中でネガティブなことばかりに注目しているということです。そして、これも当然のことながら、「引き寄せの法則」によって、このような人には、ますます悪い出来事ばかりが届けられてしまうことでしょう。そして、そんなことに直面すると、またまた不平や不満が繰り返されるという「悪循環」に陥ってしまいます。

「ビジュアライゼーション」の方法をごく簡単に説明すると、**①望むものがたった今手に入ったところを見る、②そのときの喜びの感情を味わう、③感謝する、という「見る」「喜ぶ」「感謝する」というたった3つのことだけ**なのですが、人によっては、このビジュアライゼーションのときの「感謝する」さえ忘れてしまうこともあります。

また、こんな人もいるようです。実際にビジュアライゼーションが成功し、望んだものが、ある日突然無事に届きました。その人はもう大喜びしてしまいます。たくさん喜ぶのはいいのですが、でも、なにかをすっかり忘れているのです。

そう、その望みを届けてくれた宇宙に対しての「ありがとう」という感謝の言葉です。

普通、私たちの生活の中で、誰かが実際になにかプレゼントでもしてくれようものなら、絶対に「ありがとう！」って言いますよね？　もし、ビジュアライゼーションの中で、あなたが「ありがとう」を忘れるとしたら、あなたのイメージには今ひとつ「リアル感」が欠けているのかもしれません。ここでの「ありがとう」は、この「リアル感」を生み出し、そして、あなたの確信を生むものなので、必ず忘れないようにしましょう。

また、実際にビジュアライゼーションが成功して、望むものを届けてもらったのに宇宙に「ありがとう」を言い忘れているとしたら、まだあなたに「引き寄せた」という実感がないのか、本当は誰が届けてくれたのかわからなくなってしまっているか（答えは「宇宙」です）、はたまた単純にうっかり御礼を言い忘れてしまっているか……。理由はどうあれ、**実際に望むものを受け取ったときの喜びと「ありがとう」によっても、次なる喜びと「ありがとう」を引き寄せますから、これもできるだけ忘れないようにしましょう。**

つまり、**「引き寄せ」の上手い人は、年がら年中「ありがとう」を日々の生活の中で連発しているということです。**だって、普段の生活の中では、「良いものばかりに注目」していますから、当然のことながら「ありがとう」を繰り返しています。例えば、私は買ってきたお花を見るたびに、一日に何回でも「う〜ん、キレイね〜。どうもありがとう！」と言います。

また、ビジュアライゼーションを年中していますから、ビジュアライゼーションの最後、望むものや状態を受け取ったときに必ず「ありがとうございます」と言っています。そして、本当に望むものが来たとき（これも日常茶飯事のように受け取っていますので）、またここで大喜びしながら「ありがとうございます！」なのです。

「ありがとう」を連発しよう！

普段使う言葉が自分の感情や認識さえ変えることを理解している

ある日、とても興味深いテレビ番組を目にしました。ハワイ出身の元大関が、番組の中でご自身のあり得ないような悲惨な過去を赤裸々に語っていたのです。貧しい幼少期を過ごし、10人もの兄弟の中で育ったという彼。日本で活躍するようになって、ついにお母さんのためにハワイの豪邸をプレゼントするまでになりました。

すると、その後、彼のまったく知らないところで、その豪邸が売りに出ていたのです。理由は、彼の兄弟姉妹たちが、その豪邸を抵当にして借金に借金を重ね、浪費しまくっていたからでした。その額なんと1億数千万円！　そして、その後、その1億数千万円の借金を自ら返済しなければならなかったという話でした。

「え～っ？　これはひど過ぎる！」と、見ていた私までが叫んでしまったほど……。すると、もっと驚いたのは、「ご兄弟とはいえ、これにはさすがに頭にきたでしょう？」と司会者に質問されたときのご本人の返答でした。「あんまり気にしない……」

見ていた私は、まるで肩透かしを食らったかのように「へっ?」と思い、その後ひとりでゲラゲラ笑い出してしまいました。「これは本当に素晴らしい! 使える!」と思ってしまったからです。

もちろん有名人は一般人とは稼ぎが違うでしょうが、とはいえ、1億数千万円はその方にとっても決して小さな額ではなかったでしょうし、兄弟たちに腹を立てるのが普通だと思いますよね。私だったら、そんな兄弟に「絶縁状」を即刻叩きつけ、二度と会わないかもしれません。それなのに「あんまり気にしない……」。私はこの「言葉」の持つ不思議なパワーに感動してしまったのです。「そうだ! なんでも『あんまり気にしない』と言えば、なんでも『あんまり気にしない程度のチッポケなこと』になるんだ」と……。

私たちは、日々の生活の中で、ほんの些細なことに対しても「もう頭にきた!」とか、「ムカつく!」と心の中で思ったり、言葉にしたりしていますが、こういう言葉を使うがゆえに物事がとかく大きく見えがちになってしまい、ますます頭にきたり、ますますムカついたりしてしまうものです。そして、当然のことながら、必要以上にネガティブな「嫌な気分」を感じてしまうものです。

早速、私も新しいお気に入りの言葉、「あんまり気にしない」を自分でも試してみることにしました。スーパーに行ってレジの係の人のサービスが良くなかったり、対応が遅かったりすると、私はすぐにイライラするところがあったのですが、そんなときに「あんまり気にしない！　あんまり気にしない！」と、ちょっとトボケたように心の中で言葉にしてみると、まず言った途端に噴き出しそうになり、「レジの係の人も一生懸命やってくれてるのよね～」と余裕を持って眺めることができるようになり、したがってイライラすることがなくなったのです。

また、それまでは家をキレイに掃除した直後に、母親に汚されたりすると、それだけですぐに「カッチ～ン！」ときていたものですが、それを見たときに、とっさに「あんまり気にしない！　あんまり気にしない！」と繰り返すと、やっぱり「あんまり大したことじゃないわよね～」と思えてきて、腹が立たなくなりました。このように私の中で「あんまり気にしない」というたったひとつの言葉が定着しただけで、今まで気になっていた物事が本当にチッポケなことに感じられるようになり、ますます「気持ちよ～く」毎日が過ごせるようになったのです。

私たちは「ネガティブなものに目が行ってしまう癖」をすでに持ってしまっていて、そのせいで「嫌な思い」を抱いてしまい、嫌な気分に勝手に浸ってしまうものですが、**ネガティブなものに目が行ってしまったときに、このように今までとはまったく違った言葉を遣うようにすれば、**

その後の認識や感情までもが変わり、したがって「嫌な思い」も自然と出なくなるのです。そして、当然のことながら、自分の中から「嫌な思い」が出なくなれば、ますます自分の人生に「嫌なこと」を引き寄せなくなります。

以下にいくつか例を挙げてみました。遣う言葉を変えるだけで、心がとても軽くなることを実感していただけることと思います。

- 「ムカつく!」「イライラする」↓「あんまり気にしない」
- 「嫌な人」↓「一風変わった人」
- 「最悪の出来事」↓「ちょっとまれに見る不思議な出来事」
- 「頭にくる!」「カッチ〜ンときた!」↓「ちょっとビックリ仰天した!」
- 「面倒くさいこと」↓「いつもより少〜しやりがいのあること」

とってもとってもよく笑う！

「引き寄せ」がすぐに上手になるような人は、間違いなくとってもよく笑う人です。私もご多分にもれず、日々いっぱい笑っています。友人と楽しい会話を繰り広げながら笑い、本を読んでは笑い、面白かった出来事を思い出しては笑い、自分の失敗を見ては笑い……。もちろん、望むものを「ビジュアライゼーション」し、それが手に入ったときの喜びを心から味わいながら笑い、また、すでにビジュアライゼーションしたものが、実際に自分の元に不思議な形で届いては笑い……。

もう本当に一日に何度も笑い転げているのです。それも、誰かと一緒にいて笑うことより、ひとりでゲラゲラ笑っていることのほうが多いくらいです。また、一度笑い出すとなかなか止まりません。笑い過ぎてお腹の筋肉が痛くなってしまうことや、涙でお化粧がすっかりはげてしまうことなど年中です。

ある大学の准教授の調べによると、小学生が一日に３００回笑うのに対し、大人は一日に17回しか笑わないのだそうです。しかもこれが70歳代になると、なんと一日に2回くらいしか笑わなくなるのだとか……。どうやら子どもがよく笑うのは、「面白いこと」「楽しいこと」に対して素直に反応するのに対し、大人があまり笑えないのは、「面白いこと」「楽しいこと」に対しても、そのときになにか他の思いや考えに邪魔されてしまい、素直に笑うことができないからのようです。

笑いにはいろいろな効能があるとよく言われています。例えば、免疫力がアップする、鎮痛効果がある、快感作用が働く、老化防止、自律神経を整える等々……。また、世界中を見渡してみると、笑いによって病気を克服した例がいくつもあるほどです。それだけでも、この笑いの効果というものは本当に素晴らしいものだと思いますが、「引き寄せの法則」の観点から見ても、よく笑う人が幸せなのは当然のことなのです。

日本にも「笑う門には福来たる」という素晴らしい諺《ことわざ》があるように、笑う人は、そのたびに「楽しいなぁ！」「嬉しいなぁ！」という思いをドンドン発信しているので、当然、その人の元には、またまたその人が「楽しい」「嬉しい」と思えるような出来事が現実として返ってきます。そして、そんな出来事を目の当たりにして、またその人はケタケタと笑い、その楽しい気持ちをまた発信するわけです。**こうして「幸せな思いが幸せな出来事を引き寄せる」ポジティブな循環（私はこれを「好循環」と呼んでいます）を自然に創り出しています。**

一方、あまり笑わない人は、この「楽しいなぁ！」「嬉しいなぁ！」が日々あまり出ていないため、当然、「楽しい」「嬉しい」と思えるような出来事を自らの人生にたくさん引き寄せることはできません。「楽しい」「嬉しい」出来事があまり起こらないため、こういう人はますます笑わないので、ポジティブな思いをなかなか発信しません。つまり、「好循環」はいつまで経っても起こってはくれないのです。

私も日々たくさんの方にお会いしてお話ししますが、なかには本当にほとんど笑わない方もいらっしゃいます。私がどんなに面白い冗談を連発しても、ユーモアたっぷりにお話ししても、一向にお笑いになりません。また、ときに一瞬「ニタッ」とはしても、声に出して笑うということがないのです。こういう方は、往々にして「深刻さ」と「真剣さ」をどこか取り違えているような方で、ユーモア精神に欠け、物事をなんでも必要以上に深刻にとらえていらっしゃいます。こういうみなさんには心の余裕や遊び心があまりないため、「ビジュアライゼーション」も楽しむことができず、したがって「引き寄せ」の結果も芳しくないことでしょう。

一方、私は日々全国各地の読者の方からたくさん体験談等をいただくのですが、ただ文章を読んでいるだけでも、「この方は引き寄せがとってもお上手になるわ〜！」と思えるような方もいらっしゃいます。つまり、「これを書きながら、この方はきっと自分で笑ってるわよね〜」というのが感じられたり、とってもユーモア精神にあふれたりしているからです。そんな典型的な方の楽しい体験談をご紹介しましょう。

＊＊＊

はじめまして。今、水谷さんの本を読んで「そう、そう！」と感動して、ワクワクしています。子供のころから不思議といろいろなことを引き寄せています。たとえば「アメリカに行きたい！」と思っていたら、海外研修のチラシを見て試験を受けて、最後は抽選に当たってアメリカに。しかも自分のお小遣い以外全部主催者もち（旅行保険もですよ！）。他に国立劇場で、当時習っていた日本舞踊、長唄、部活でやっていた歌舞伎の舞台に立ちたい！　と思って一年以内にすべてのジャンルで国立劇場の舞台に立てました。

他にもですね、「友達と中国に行きたい！」と毎朝通勤のとき、友達を連れて北京空港を歩く想像をしていました（友達には何も言ってないです、もちろん）。すると友達が「モニターツアーに当選した！」と。しかもちゃんと北京！　「あれ？　あれ？　あれ？　♪」って感じです。

小さなこともたくさんあります。つい最近あったのがちょっと面白い引き寄せだったんです。

題して？『パンツが飛んできた！』になっちゃうんですが、年末に大好きなヴィクトリアシークレットのショーを見て、「やっぱり一枚ぐらいここの下着買いたい！」とネットで検索してました。近くに直営店はないし、ネットではサイズや肌触りがきになるし、まぁ〜満足するまでネットを見てすっかり忘れてました。

それがこの前の日曜、「アメリカ出張してたから〜」とフラメンコ仲間が突然お土産をくれました。これが開けたら「パンツ！」。フラメンコの劇場受け付けの合間にロビーで広げたので、あわてて袋にしまい、みんなで「キャ〜〜〜ッ、パンツじゃん！　ありがとう！」なんて話してました。

家に帰って袋を見てびっくり！　ヴィクトリアシークレットだったんですよ、そのパンツ！　思わず一人で大笑いでした。出張土産はあるとして、あんまり選ばないですよね、パンツなんて……（笑）。

水谷さんの本を読みながら引き寄せたときのことを考えると、本の通りなんですよね。そしてこれは、私の次の課題。恋愛だけは引き寄せられないんです。あまりにも「どうしたら理想通りの人が現れるの！！！」って深刻になっちゃってるんですよね。それだけ私にとっては大事な夢！だからこそ、北京や国立劇場、アメリカみたいに楽しく想像しなくちゃですよね。

またすぐにでも報告することが沢山できちゃうと思いますが、そんなに長くならないよう早めにご報告させてください。

（追伸）

水谷さんの本にも載ってた通り、今日もやっぱり電車は常に座れちゃいました♪　自分の横が空いて、他の人が座ったときは、いままでは「え〜〜〜!!!」って思ってしまってましたが、本を読んでからは「あ、先に座れたんですね、ごゆっくり♪　私ももうすぐ座っちゃいます!」と心の中で勝手に挨拶してみてます。やっぱりそのほうが気分もいいな〜と毎日ニコニコです。

本当にありがとうございます。

NN様

わからないことや、疑問に思うことはなんでも宇宙に聞いてみる

これはまだ、多くの人が気づいていないようなのですが、私はなにかわからないことや、疑問に思うことがあると、すぐに心の中で「○○ってなに？」「□□ってどこにあるんだろう？」と宇宙に投げかけておきます。すると、不思議なことにたいていなんらかの形でその答えを届けてくれるからです。

『誰でも「引き寄せ」に成功するシンプルな法則』にも書きましたが、「コウノトリってどんな鳥だったっけ？」と問いかけておくと、翌日、帰宅後すぐにテレビをつけたい衝動に駆られ、つけてみると、なんと「本日、強風に煽られて○○動物園からコウノトリが逃げましたが、無事に捕まえました」とのニュースで、コウノトリが画面いっぱい大写しに……。こんな感じです。

また、あるときには、ヨシダヒロシさんという方から、突然、ちょっと不思議なメールが届きました。「ヨシダヒロシ、ヨシダヒロシ……？」と、いつものように疑問を発信していると、知

り合いにひとりヨシダヒロシさんがいることに気がつきました。「でも、あの方とはしばらく連絡取り合っていないし、ましてやあの方は私のメールアドレスは知らないハズでは……?」と思った瞬間、私の携帯電話が鳴ったのです。携帯の画面を見ると、なんと「ヨシダヒロシさん」からではありませんか! 笑いをこらえながら電話に出て、早速、ヨシダヒロシさんにうかがってみました。「さっき、私にメールくださいました?」と……。

こんなこともありました。『誰でも「引き寄せ」に成功するシンプルな法則』で、各章の冒頭にいくつかの「名言・格言」を引用したのですが、出版前のあるときに、担当者から「すべての名言・格言の出典を教えてください」と言われました。ずっと昔に見つけ、とっさにメモしておいた名言・格言も多く、調べるのに少し時間がかかってしまい、とうとう最後に「どうしてもこの名言使いたいけど、出典がわからない」というものがひとつ出てきてしまったのです。締め切りは翌日に迫っていました。

「ああ、そうだ! 宇宙に聞くのを忘れてた」と思い出した私は、「この出典どこにあるの?」とまたまた投げかけておきました。そして、その翌日の朝のことです。突然、宅配便が我が家に届きました。私が何日も前に頼んでおいたある書籍でした。「私、なに注文したんだっけ?」と自分でも忘れていたのですが、封筒を開けてみて驚いてしまいました。だって、私が何日も前に注文していたその本の帯に、まさに私が探していた「名言」が載っているではありませんか！「出典発見！」私はひとりでゲラゲラと笑い転げました。

こんな不思議なこともありました。あるとき、ニュースを見ていたら、隣の県で自家用セスナ機が墜落し、「乗っていた男女2名が死亡」と出てきたのです。知り合いにセスナ機を所有しているカップルがいらっしゃったので、一瞬「まさか、あの人たちじゃないわよね？」と、これまでいつものように疑問を投げかけてしまったのです。

その直後、私は外で食事会の予定があり、自宅から数分のところにある、その日の会場となっていたお店へと向かいました。そして、そのお店のドアを開けた瞬間、私は思わずのけ反ってしまったのです。だって、そのお店のカウンターに、今まさに私が心配していたカップルが座っていて、私の顔を見るなり、「やぁ、久しぶり！」と声をかけてきたものですから……。（もちろん、その日の食事会は、そのカップルと待ち合わせしていたわけではまったくありません。）お陰で「彼らは無事だった」ということがものの数分でわかり、ホッと胸をなでおろしましたが……。

もちろん、ときにはちょっと間違っちゃうことだってあります。みなさんすでにご承知のように「五十肩ってなに？　五十肩って？」。これもいつもの私の癖で、無意識に宇宙に投げかけてしまっていたのです。五十肩を私は望んでいたわけではありませんでしたが、あまりに何度も繰り返したために、ものの見事に五十肩を「引き寄せた」というわけです。宇宙からすれば、「ほら、これが五十肩だよ！」と、一番親切な方法で私に教えてくれたのだと思います（笑）。

でも、これからは、**自分でわからないことや、疑問に思ったことは、なんでも一度宇宙に「ポン！」と投げかけてみてください。声に出さずに心の中で投げかけるだけでいいのです。きっとなんらかの不思議な形で、宇宙はその答えをあなたの元に返してくれることでしょう。**とても簡単で、とてもありがたい疑問の解決方法です。

次にご紹介する読者の方の体験談は、ご本人は理解できなかったようですが、ご自身も知らないうちに「宇宙に疑問を投げかけていた」好例です。この方は「ビジュアライゼーション」を年中やっていらっしゃって、すでに上手に「引き寄せ」ができ、また宇宙を信頼していらっしゃるので、いつの間にか自然に宇宙に質問しちゃっているのです。

＊　＊　＊

水谷先生お早うございます、Mです。昨日、引き寄せしちゃいました。引き寄せたのは料理のレシピです。

私にはもうすぐ四歳になる娘がいます。一昨日義母から「子どもに食べさせたいピーマンやプチトマトを混ぜて作るおにぎりをテレビで紹介してた」と教えてもらったのですが……。聞くだけで「作りたーい！」って思う料理をいつも「テレビで紹介してたよ」って話してくれるのですが、番組名も分量も何も覚えてないんです。そこを一番知りたいのに……。

「材料はわかるんだし、適当でいいよ」と言われたけど、バターもお塩も使うようだし、何より子どもに食べさせるのである程度の分量は知っておきたいし……。ネットで探してみたものの全く見つからない。次の日も諦めきれず、少々苛立ちながら過ごしていました。

もうすぐ四時だなあというとき、子どもが見てたテレビ番組が終わったので何気なくチャンネルを替えていると……。なんと！　ちょうど知りたかったレシピをやっているではないですか！

某放送局の番組で何回か再放送してくれるうちの一回を見事引き寄せでチェックできました！

しかも義母が見落としていた、桜えびのおにぎりまで宇宙さんに教えていただきました！

ただ、今回引き寄せの意図もなかったし、何よりイライラしながら探していたのに、こんなよい結果になったのが不思議でお便りしました。どうしてなんだろう……？

MU様

できるだけ自分の望むことばかりを口にする

みなさん、人によって語る内容の傾向がまったく違うことにお気づきになったことはありませんか？　もちろん、大別すると基本的にポジティブな傾向の人は、ポジティブなことばかりを多く語り、ネガティブな傾向のある人は、無意識にではありますが、なにかにつけてネガティブなことを語っていることは間違いありません。

「引き寄せの法則」を理解している人は、意識的にできるだけ自分の望むことばかりを選んで口にしています。当然のことながら、うっかりネガティブなことを口走ってしまい、それによってネガティブな現実を自ら引き寄せないようにするためです。

以前、私の従姉妹とホテルに一緒に泊まったときに、こんな面白いことがありました。私は出張が増えたため、新しいキャリーバッグを購入していました。その日初めて私の新しいキャリーバッグを目にした従姉妹は、まず値段を聞いてきたので、私が告げると、「えっ？　そんなにするの？　盗まれたらどうするの⁉」といきなり叫んだのです。

ビックリしたのはこっちのほうです。だって、私の中には「そのお気に入りのキャリーバッグを引っ張って、ご機嫌で出張や旅に出かける私」というイメージしかなく、「盗まれる」なんて発想はカケラもなかったのですから……。確かにそのキャリーバッグは少々値は張ったのですが、そもそも「盗まれる」などと私が考えていたとしたら、そんな高いモノは最初から買いませんよね？（笑）。

実はこの従姉妹は、なにかにつけて怖がりなのです。育った環境の中で知らず知らずに恐怖心を植えつけられてしまい、いつの間にかとても怖がりな人になってしまいました。しかも、悲しいかな、引き寄せの法則は「良きにつけ悪しきにつけ」完璧ですから、彼女は人生の中で、夜道で変な男の人に追いかけられる、後ろから来たバイクにバッグをひったくられる、なにかの業者の人に家の近くで待ち伏せされるなどなど、怖い思いを人生で何度も経験しています。

だからこそ、私の新しいキャリーバッグを見ただけで、無意識に「盗まれる」という明らかにネガティブな発想をしてしまうわけです。でも、残念ながら、その思考こそが彼女の人生の怖い体験を引き寄せているのだということが、彼女には理解できていません。

なるべく意識的に自分の望むことばかりを口にするように心がけましょう。また、過去の失敗

やまだ来ぬ未来の不安ばかりを語るのではなく、来るべき明るい未来の夢や希望をドンドン語るようにしましょう。

ただし、これは私が何度も何度も繰り返し言っていることなのですが、「望むことばかりを口にする」と言っても、その中に「否定形の言葉」を含むのはやめてくださいね。あなたの潜在意識も宇宙も「否定形」を理解しないからです。例えば、「交通事故に遭わないように」と言うと、交通事故に遭ってしまいます。「包丁で手を切らないように」と思うと、包丁で手を切ります。「廊下で滑らないように」と注意していると、廊下で滑ります。「携帯電話を失くさないように」と考えていると、携帯電話を失くしてしまうのです。

＊＊＊

水谷先生、こんにちは。今回メールさせて頂いたのは、紛失した携帯が戻って来たので、その経緯を報告しようと思いメールしました。

今、私はARUBA（カリブ海の島国）という国に来ています。その日は乗馬をすることになっていて、ホテルから乗馬をする場所までの送迎を待っていました。ピックアップの時間を過ぎてもなかなか来ず、主人と「おかしいね？」と言っていました。電話をしてみると、私たちが待っている場所が違っていて、もう他のホテルのお客さんを迎えに行っているとのこと。でも、引き返してくれるとのことでしたので、急いでその場所に行き、無事に迎えに来てもらいました。

　車から見えるとても大きなサボテンが珍しく、携帯で写真でも撮ろうと思い、バッグから取り出そうとしたら、ないんです、携帯が……。めちゃめちゃ焦って、カバンの中身を全部出してみてもやっぱりないんです。車の中に落ちているかと思い見てもなく、待っている間ホテルのロビーで携帯を使っていたので、「たぶんそこに忘れてきたんだろう」ということになり……。目的地に着いてからホテルに電話してみましたが、「届け出はない」とのことでした。

「まじでやばいなぁ?」と思いましたが、「おっと！　こんなときこそ引き寄せの法則を使わないと！」と思ったのです。それからすぐに「ホテルに帰って問い合わせたら『ありましたよ！』と言われ、『良かった～！！！』と言っているところ」をイメージしました。

　そして、乗馬も楽しんでホテルに帰ってきました。「ある、ある！　きっとある！」と思いながら、すぐにフロントに問い合わせてみましたが、まだ届いていないとのことでした。朝待っていた場所へ行き確認もしましたが、やはりありませんでした。「まあ、見つかるでしょう！」と思い、その日は見つからないまま一日が終わりました。

　次の日も、その次の日もまだ見つかりません。その間、「早く見つかって欲しいなぁ」と思っていました。また、3日目の寝る前にもう一度ビジュアライゼーションし、寝ました。そこからは、「どんなふうに見つかるんだろう？」と楽しみにしながら待つことにしました。

4日目の夜でした。乗馬の送迎をしてくれたドライバーさんから主人にメールがあったのです。「携帯が見つかりました！　明日ホテルに持っていきます！」と……。主人も私も「やった～！！！　良かった～！！！」と大喜びしました。

そして無事に今、ここに携帯があります！　ドライバーさんの話によると、私が座った座席下のカーペットの下に入り込んでいて、たまたま子どもが遊んでいたら、ポロリと落ちて出て来たのだそうです。携帯もマナーモードになっていて、どうりで電話をしても誰も出てくれないハズでした。

それにしても、宇宙さんはちゃんと見つけて届けてくれました！　感謝です（見つけてくれた子どもたちやドライバーさんにも感謝です！）。

そして、なぜ今回携帯を紛失したか、原因を考えてみました。前回の海外旅行のとき（半年前）に飛行機の中に携帯を忘れてしまいました。それがあったので、「今回は失くさないようにしないと……」と思ってしまったのが原因です（やっちまった～〈笑〉）。

私は8ヵ月前に実家で結婚指輪を失くしてしまいました。でも、必ず出て来ると思い、過ごしていたら、2ヵ月後に母から電話で、「布団を干していたら、ポロっと出てきたよ～！」と連絡があり、見つかりました！

このように失くしても「どーしよう」と焦るのではなく、ちゃんとイメージして信じていれば見つかるんですね！　絶対に！！！　また、今回良かったと思うことは、携帯を失くしてからのこと（日本に帰ってから手続きをしなければとか……）をイメージしなかったのが良かったのかなと思いました。確かに今後のことは少し考えてしまいそうになりましたが、そのときに「ダメダメ、見つかるんだから、そんなことは考えなくてもいいんだわ～」とはねのけていました。

今までもちょくちょく引き寄せはしていましたが、今回でまたさらに確信することができました！　これを機にもっともっと引き寄せしま～す！！！　長くなりましたが、ご報告まで。

ＭＲ様

宇宙に「否定形」は通用しない！

くだらないことや、どうでもいいことはあまり口にしない

いつだったか、私の知人がとても面白い体験をしました。ここ何年かつき合っている彼がいなかったため、「そういえば、最近しばらく誰からも告白されてないわね」と、ある日ふと思い、「告白されたいなぁ」とひとりつぶやいたそうです。

すると、しばらくして、彼女は会社の上司に突然食事に誘われました。しかも、あろうことか、その上司は彼女が会社で一番嫌いなタイプの人。上司のお誘いを無下に断ることもできず、彼女はしぶしぶ食事に出かけたのだそうです。

そして、なんと！　その日の食事の際、彼女はその大嫌いな上司（しかも妻子持ち）から「告白」されてしまったのだとか……。挙げ句の果てに「家まで送らせて」としつこく迫られたり、その後もメールが頻繁に来たり……。ほとほと困り果てていたのです。

そこまで聞いて、私はゲラゲラ笑い出してしまいました。「そういうのを自業自得って言うの

よ！」と言っても、彼女はまったく納得しません。「『告白されたい』な〜んてあなたが言ったから、ちゃんと告白されたのよ」と私が何度言っても、「私はなんにもしていないわよ！　なのになんでこんな変なことが起こるわけ？」と言い張るのです。

私の著書をすでにお読みいただいている方はご承知のことと思いますが、「思考の質」と「結果の質」は常に同じようなものになります。本当は、彼女は真面目に真剣に考えて、「素晴らしいパートナー」を望むべきだったのです。それなのにちょっと変な自己満足のために「最近誰からも告白されてないから、告白されたいなぁ」などとくだらないことを考えてしまったがために、それ相応の出来事が起こってしまったというわけです。

「それで、私は一体どうすればいい？」と聞いてきた彼女に、私はきっぱりこう答えました。「『風と共に去りぬ』のスカーレットのように、凛として断ればいいだけのことよ！」と。結局、彼女はその通りにしたらしく、上手く乗り切れたとのことでした（笑）。

「冗談を言ってはいけない」とか、「いつも超真面目でいてください」などと言っているのではさらさらありませんが、**みなさんもできれば「くだらないこと」や「どうでもいいこと」はあまり口にしないで、ご自身が本当に望むことを口にしたほうがいいですよということです。**読者の方からもこんな体験談をいただきました。この方の体験は、ご本人は「いい加減な……」とおっしゃっていますが、あまりに可愛く、楽し過ぎますが……（笑）。

＊＊＊

水谷先生、お元気でいらっしゃいますか？　いつも（ブログにて）楽しいお話ありがとうございます。

新刊が大変好評との事、おめでとうございます！　我が家でとっている新聞にも大きな広告が出てて、一人でも多くの方が先生の御本を購入して、私のような楽しい体験をすればいいなと願っております。私もいつもバッグに入れて持ち歩いています。お昼休みに喫茶店とかで読むのが最近の一番の楽しい時間です。

前作よりもマイナス思考との対処の仕方とかが大変詳しく書かれていて、大変参考になりました。私も願いが叶うまでのプロセスをつい考えてしまいがちなので、これが改善されれば、さらに大きな願いが叶うかも！　とビジュアライゼーションに励んでいます。

あと、せっかくですので、ひとつ体験談をお送りします。いわゆる失敗談でちょっと恥ずかしいのですけど、「面白いから送ってみれば？」と家族が言うのでご報告することにします。

ある日のこと、外出から帰ってなんとなくテレビをつけてみると、そこにドラマの宣伝シーンだか、ＣＭだかわからないのですが、可愛い女の子が夜空を眺めていたら、空からとてもカッコイイ男性が（花だか結婚指輪だか持っていた記憶が……）フワリと彼女の元に降りてくる、といった映像が流れていたのです。あまりにロマンチックで激甘なシーンに、「ぷぷ～っ」と噴き出してしまい、「いいな～、私にもカッコイイ男性が空から飛んでこないかしら？　あははは……」と、あまり深く考えずにこんな独り言をつぶやいてしまいました。

それから何日も経ったある休日のこと。お気に入りの散歩道を歩いていると「ちょっと、そこの人！！！　あぶな～い！！！」と、若い男性の悲痛な声が突然聞こえてきました。「え、何？」と、振り返った私の眼に信じられない光景が……。なんと男子高校生（しかもイケメン）が、私めがけて飛んでくるではありませんか！

「？？？？？　な、なんでー!?」

考える間もなく、必死に彼を受け止めましたが、勢いが止まらず、二人で抱き合ったまま後ろに倒れてしまいました。幸い後ろは柔らかな芝生で、二人とも怪我はありませんでしたが……。

「ど、どうしてこんな事が……？？　ん？　あー！　ひょっとして、あのときの独り言が引き寄せ……？　あ～っ、やってしまった……」

何故こんなことが起きたかというと、この男子高校生は寝坊して部活の練習の時間に間に合わせようと自転車をかなり飛ばしていました。そこに前を歩く私の姿を発見し、慌ててスピードを落としたのですが、急にブレーキをかけた為か、自転車は止まったものの、この高校生自身の勢いが止まらず、自転車から放り出されてしまいました。しかも、この道は急な下り坂で、振り返った私にはまるで彼が上から飛んで来たように見えたというわけです。

確かにカッコイイ男の子が飛んで来たには違いないのですが、なんだかすごく納得のいかない展開でした……。「いい加減な想像すると、いい加減な結果しか出ない」というのがよ〜くわかりました。これからは言葉にもっと気をつけようと思います。

でも下手をすると事故になってた可能性もあるので、両方とも怪我もなく済んで、宇宙さんに感謝しています。家族にも「お前らしい〜」とか苦笑されてしまい、母なんかは「今度は私の大好きな福山雅治を引き寄せて♪」などと言ってます（無茶言うな！）。

先生の本をよく読んで、今度はもっと素晴らしい体験談を送りたいです！

ＭＭ様

口にするのはいつも「本当に望むこと」！

言い訳は絶対にしない！

ほとんどの人は、無意識に日々演技しているものなのですが、そのことに気がついてもいません。小さい頃から「他人からどう見られるのか？」「他人からどう評価されるのか？」にばかり関心を向けさせられてしまったがために、いつの間にか本来の自分の考えや思いをそっちのけにし、他の人に良く見られることにエネルギーを注ぐ不思議な自分を創り上げてしまったわけです。

こういう演技する人の最大の特徴は、「言い訳に明け暮れること」です。二言目には、「だって、そうするしか仕方がなかったんだもの」とか、「でも、私が悪いんじゃないわ！」とか、自己を正当化するためのなんらかの言い訳を探し出すのです。いつも「自分を良く見せる」「他人に評価される」ことに全力投球しているので、自分が悪い立場になることや評価されない立場になることが受け入れられないのです。

こういう人に「原因はあなただ」などと言っても、なかなか素直に理解してもらえないことでしょう。そもそもこういう人は、「責任を引き受けること」つまり「原因は自分だ」ということで、「私が悪いのだ」と即座に考えてしまうようです（本当は「悪い」のではなく「ちょっと間違っちゃった」だけなのですが……）。いつも「良い人」でいるために全力を注いでいるのですから、これはとっても受け入れがたいことなのだと思います。「私が悪い」と思ってしまったが最後、「そうよ、どうせ私が悪いのよ！」と、今度はド〜ッと落ち込んでしまうからです。

でも、みなさんすでにご承知のように「引き寄せの法則」を自分の人生で賢く適用し、幸せな人生を築き上げていくためには、まず「原因」を自分で引き受けるところから始まるのです。**自分の発信する「思考」が、自分の人生を創り上げている「原因」なんだと思えなければ、自分の人生を変えることなどできません。**他の人や社会があなたの人生の原因であったなら、あなたは何も変えることはできないのですから……。

一方、「引き寄せ」がすぐに上手くなる人は、どちらかというとあまり演技に徹していない人。この人は、「原因は自分だ」と知っても、「そうか！　私だったのか！」と素直に自分の人生の責任を引き受けます。だからこそ、「じゃあ早速、私の人生、自分の手で望むように変えなくっちゃ！」と、とっとと「ビジュアライゼーション」を始めて変えていくのです。

また、「引き寄せの法則」を深く理解している人は、法則が自分の頭で考えていることや自分の上辺の部分に働くのではなく、常に「本心」の部分に働くことを知っています。それゆえ「本心」の部分に関心を向け、「本心」を「楽しいなぁ！」「嬉しいなぁ！」というポジティブな思いでいっぱいにしておくように心がけています。つまり、演技するがために言い訳ばかりしてしまう人が、常に一生懸命「他人からどう見られるか」という「外見」を磨いているのに対し、「引き寄せの法則」がわかっている人は、ひたすら「中身」に注意を注ぎ、磨いているわけです。そして、**すべては自分が引き寄せていることを理解しているので、「言い訳」などできるわけがない、「言い訳」などなんの役にも立たない、ということを知っており、さっさとまた自分の望む方向に関心を向けるだけなのです。**

もしも、あなたが「一生懸命言い訳をしている自分」に気づいたときには、できるだけ早くその「言い訳」をやめるようにしましょう。「自己正当化に明け暮れているとき」には、残念ながらネガティブな思いが悶々と発信されていますし、どんなに自分を正当化したところで、現実はなにも変わらないということを思い出してくださいね。そんなことに無駄な時間とエネルギーを注ぐより、さっさと「そっか！　私が原因だったのか」と気分を変えて、自分が本当に望む場面を「ビジュアライゼーション」してみましょう！

意識的に心の中で
ポジティブな言葉を頻繁に繰り返している

幸せを引き寄せることが上手な人は、日々、意識的に心の中でポジティブな言葉を頻繁に繰り返しているものです。例えば、「あぁ！　私ってなんて幸せなんだろう！」とか、「私はなんて人間関係に恵まれているんだろう！」とか、「私はとっても豊かだ！」とか……。

先にお話ししましたが、私たちの潜在意識は「頻繁に繰り返される思い」を必ずキャッチし、そしてそれは必ず現実化するのです。このことをよく理解しているので、意識的にポジティブな思いばかりを毎日できるだけ発信し、したがってまたその言葉に見合うような幸せな出来事ばかりを現実として受け取っているというわけです。私も毎日のように、気がつくたびにこういったポジティブな言葉を何度も何度も心の中で頻繁に繰り返しています。

一方、「引き寄せの法則」を知らない人、よく理解していない人は、毎日毎日すでに心の中にこびりついてしまった「ネガティブな考え方の癖」から出てくる言葉ばかりを無意識に繰り返しています。例えば、「どうして私の人生はいつも上手くいかないのかしら？」とか、「なんで私の周りには変な人ばっかり寄ってくるの？」とか、「どうせまた失敗するに決まってる」とか……。こんなネガティブな言葉ばかりを心の中で繰り返していると、当然のことながら、こういう人の人生には、その言葉に見合った通りの現実がまたまた引き寄せられてしまいます。

人は一日に6万個のことを考えていて、そのうちの約8割がネガティブなものだと言われています。「引き寄せの法則」もなにも知らずに放っておけば、普通の人は日々このような状態にあるために、人生にあまり楽しくないことを無意識に引き寄せてしまうわけです。逆に**「引き寄せ」に成功する人は、「ポジティブな言葉」を意識的に多く発信することによって、潜在意識に良いものばかりを送り、潜在意識にそれらをしっかりキャッチしてもらい、したがって良いことばかりが現実に起こるようにしているわけです。**

ただ、「ポジティブな言葉」を繰り返すといっても、感情もなにも入っていないような、ただブツブツと念仏を唱えているようなことをいくらやってもなんの意味もありませんからね。潜在意識には、感情の伴っていない言葉やイメージは届きにくいのです。「あぁ！　私ってなんて幸せなんだろう！」というふうに言葉にできるだけ思いっきり明るく前向きな感情を込めてください。

私のコーチングのクライアントのみなさんにこういう「ポジティブな言葉」を繰り返すようにお話しすると、みなさん決まって最初にこうおっしゃいます。「なんだかとても違和感があるんですけど……」とか、「自分で言ってて嘘っぽく聞こえるんですけど……」とか。そして、ご自分で数回やっただけですぐに止めてしまう方もいらっしゃいます。

ポジティブな言葉に最初に違和感を覚えるのは当たり前です。だって、ウン十年もの長～い間、みなさんの中には「どうせまたダメに決まってる」といったネガティブな言葉がこびりついてしまっていて、そういう言葉に慣れてしまっているからです。でも、1回や2回で諦めず、数週間どんどんポジティブな言葉を繰り返してみてください。だんだんその新しい言葉のほうに慣れてきて、ついにはそちらのほうが居心地がよくなるときがきっと来ます。「あら、本当に私ってなんて幸せなんだろう!」と素直に思えてくるのです。そんなときが来たら、「あなたのポジティブな言葉がちゃんと潜在意識に届きましたよ」という証拠であり、したがって現実が不思議と見違えるように変わってきていることにご自身がビックリされることでしょう。

＊＊＊

水谷友紀子先生、先日は楽しくも実り多いコーチングをありがとうございました。先生の曇りのない笑顔に大きなパワーをいただき、また「やるべきこと」を明確にしていただいてとても良かったです。

早速、「パートナー」に関するふたつの新しい自己イメージ（言葉）を自分に植え込んでみました。香水もシャネルの「CHANCE」をつけて……。

そして、昨日、友人のウエディングパーティに行ったのですが、知り合いの男性陣から「色っぽい」とか、「すごいいい女」とか、「めちゃ好み」とか、今までいただいたことのない言葉をたくさんいただきました。みなさん既婚者でしたが、最後、帰り際には私にすごく熱心に話しかけてくださった独身男性も現れて……。こんなこと今までに無かったので、取り急ぎ「先生に報告しなきゃ！」と思い立ち、メールしました。

また、職場では少し気になる人がいたのですが、今日偶然顔を合わせたら、わざわざ引き返してきて、冗談を言いながら私の肩を抱き寄せてきたんですよ。でも、私、不思議なことにドキドキしなかったのです。なんていうか、「当然な感じ」っていうか……。

自分の思い込みを変えて以来、職場でもお世辞やお褒めの言葉をいただきまくっています。ほんと、心の力ってすごいですね～！

それから恋のことのみならず、仕事でも引き寄せの効果が出ています。以前、非常勤の勤務先の配置替えの話があったのですが、先方の都合で立ち消えになってしまっていました。話があったばかりのときは、突然で私もよくわからなかったのですが、考えるほどに「今の私には最高の場所」と思え、「あそこで働けたらいいなぁ」↓「引き寄せてみよう！」↓「大丈夫！　あそこで私、働くよ〜♪」と思いを創り替えました。

そうしたら、先日消えたハズの話が戻って来たのです！　まだハッキリとは決まってませんが、またまた、「きっと大丈夫♪」と大船に乗った気分でいます。この話もちゃんと決まったらご報告しますね！

ワクワクしながら過ごします。本当にいろいろありがとうございます！

T－I様より

できるだけポジティブな自己イメージを植えつけよう！

折に触れ、自分の人生の目標を問いかける

「引き寄せ」の上手な人は、基本的に自分自身とコミュニケーションを図ることがとても上手いのです。そして、折に触れて、自分の本質的な人生の目標を問いかけています。

例えば、「今、自分は本当はどうしたいのか？」とか、「自分はなにを一番望んでいるのか？」とか、「自分はどんな人になりたいのか？」とか、「どんな人生が自分にとって最高の人生なのか？」という問いかけを自分自身にしているのです。そして、自分の心の奥底の声をちゃんと聞いてあげています。

他方、「引き寄せ」のあまり上手くいかない人は、そもそもじっくり自分自身と向き合うということなどまったくしていません。そのため、もちろん、自分自身にいろいろ問いかけることもなく、したがって自分の心の奥底の声など聞いてあげてもいないのです。よく、「自分がどうしたいのかわからない」「欲しいものさえ見つからない」という人がいますが、こういう人は自身

とのコミュニケーションがあまり上手く図れていないのです。

昔、アメリカに住んでいたときに、ある幼稚園を取材させてもらい、3歳児のクラスを見学したことがあります。ちょうど「イースター（復活祭）」の前だったので、先生が「さあ、みなさん、今日は『たまご』を作りましょうね！」と言ったのです（アメリカではイースターに装飾されたたまごを飾る習慣があるからです）。そのとたん、3歳の子どもたちが一斉に部屋のあちらこちらに散らばりました。

「ん？　一体なにが起こったのだろう？」と思って、子どもたちの近くに寄っていってみると、ある子どもは粘土のある場所に行き、ある子どもは折り紙が置いてあるテーブルに走り、ある子どもはパソコンの前に座り、ある子どもは紙と色鉛筆が用意されている場所に行っていたのです。そして、数十分後には、粘土のたまご、折り紙で作ったたまご、絵に描かれたたまご、パソコンでデザインされたたまごと、まさに様々な「たまご」が出来上がったのでした。

これを見て、私はただただ「すごい！」とあっけにとられてしまいました。なぜなら日本では見たことのない光景だったからです。これがもし日本だったら、みんな同じ教材（例えば白い紙と色鉛筆）を与えられていたことでしょう。

つまり、そのアメリカの3歳児たちは、「たまご」という課題を与えられた瞬間に、「今、自分が一番したいこと」をちゃんと自分で考えて、その場所に走っていったのでした。「だからアメリカ人は、自分のやりたいことを日本人より圧倒的にわかっているのか！」と、とても納得したものです。それに引き換え、日本人は教育の中で「みんなと同じ教材」ばかり与えられていく間に、「今、自分は一番なにがしたいんだろう？」などという、自分自身とコミュニケーションしていく方法をいつの間にか忘れてしまうんだと思います。

でも、そもそも自分でなにを望んでいるかがわからなければ、自分で自分を幸せにしてあげることなどできないものです。また、自分でなにを望んでいるかわからず、「自分はどう生きたいのか？」「どんな人になりたいのか？」という本質的な質問などまったく問いかけないために、日々、目先の小さなことに振り回されてしまい、結局大したことも成さずに終わってしまいます。つまり、自分の人生の「核」になる考え、「土台」がしっかりしていないために、ただフラフラと人生を漂ってしまうのです。

これからは、自分自身とじっくり向き合い、ときどき「今、本当はどうしたいの？」「本当はなにを望んでいるの？」と問いかけてあげてください。最初のうちは、小さな望みしか見つからないかもしれませんが、それでも構いません。あなたが自分自身と上手にコミュニケーションが図れるようになるにつれて、だんだん大きな望みも出てくることでしょう。

そして、それができるようになったら、もっと大切な人生の問い、「自分はどんな人になりたいのか？」「どんな人生が自分にとって最高の人生なのか？」も投げかけてみてください。これが明確に答えられるようになったら、あとはその方向にまっすぐに向かえばいいだけのことです。そうなれば、あなたの人生はもっと充実して、もっと素晴らしく、もっと幸せになるに違いありません。

「本当はどうしたいの？」と自分に問いかけてみよう！

Chapter2
イメージで引き寄せる

この世に「ライバル」や「敵」など存在しないと思っている

私たちひとりひとりの潜在意識は、宇宙と直接つながっています。だからこそ、私たちの思いや考えが宇宙にまで伝わり、そして宇宙が私たちの思考を「現実」という形に変換してくれて、私たちの人生に返してくれているわけです。私だけが宇宙と直接つながっているわけではありませんよ。あなたも、そして地球上に住むすべての人がそうなのです。つまり、私たちは目には見えませんが、無意識のレベルでは本当に「ひとつ」につながっているのだということです。

「引き寄せの法則」を深く理解している人は、自分以外の人が、基本的に「自分の望んだものを自分のために届けてくれるありがたい経路」として存在していることを知っています。当然、自分もまた、無意識に他の人に望みをもたらす経路となるのですけどね。多くの場合、望んだものが届くときには、他の人の手を通して届くものです。

そして、**他の人を「自分の望んだものを自分のために届けてくれるありがたい経路」だと認識**

している人は、この認識ゆえに、「他人＝自分の仲間」というふうに解釈しています。だからこそ、他の人をいつも好意的に見ているため、他人とのトラブルに巻き込まれることが非常に少ないのです。それゆえ、またポジティブな信念を深めます。「ああ、やっぱり世間は私に優しいなぁ！」と……。

一方、私たちは無意識のレベルでは「ひとつ」だということ、他人は自分の望みを届けてくれるありがたい経路だと理解していない人は、往々にして「他人＝ライバル、敵」ととらえてしまう傾向にあります。いつも心の奥底でこう思ってしまっているために、他人とのトラブルに巻き込まれる可能性が高くなってしまいます。そして実際、そのような問題に直面し、またネガティブな自分の信念を深めてしまうのです。「まったく、本当に世間には変な人が多いものだわ！」と。「実は、みんなお互いにこんなふうに協力し合っているのですよ！」という好例があります。昨年の夏、17年という長い年月を経て、ある友人夫婦と再会しました。私の住む三重まで、私がまだ会ったこともないお子さん二人も連れて、県外から遊びにきてくれることになったのです。

再会する日の午前中、「せっかく三重まで来てくれるんだから、なにか地元の美味しいお土産でもないかなぁ？」と、私は考えをめぐらせていました。普段だったら、自分がケーキやチョコレートに目がないということもあり、「お子さん方になにか甘い物でも」ととっさに思うのですが、この日だけはなぜか「いや違う！」と思ったのです。

「じゃあ、なんだ？」と思ったとき、「そうだ！　梨だ！　梨！」とひらめきました（私の住んでいる辺りは、梨がとても美味しく、しかもちょうど梨が旬でした）。そして、それから私はなぜか「梨」に取りつかれたようになり、頭の中を「梨、梨……」という言葉でいっぱいにしながら、梨を買いに走ったのです。

友人家族と会ってすぐに「この辺りね、梨が有名で美味しいのよ！　みなさんで食べてね」と、梨を手渡しました。その途端、お母さんもニコニコし始めましたが、横にいた高校生のお兄ちゃんが、「えっ？　梨？」と言って突然ゲラゲラ笑い始めたのです。聞けば、このお兄ちゃんはサッカーをやっていて、甘いお菓子などを食べるのは禁止されているけれど、果物だけはオッケーなのだとか……。しかも、前の晩、ちょうど梨を全部食べ終えたところで、お兄ちゃんがお母さんに「お母さん、また梨買ってきてよ！」と言っていたのだとか……。お兄ちゃんは、「わ～い、わ～い！　引き寄せの師匠から梨を引き寄せちゃった～！」と、それはそれは喜んでくれました（笑）。

私は、日ごろ人様から自分が望んだものを届けていただく機会が非常に多く、とってもとっても嬉しいことなのですが、自分が人様の「引き寄せ」に無意識に協力できたことを実感できるこのような体験は、また格別の喜びがあります。「私たちって、本当につながってるのよね～！本当にお互いに協力し合ってる仲間ばっかりなんだ！」と、思いっきり感動してしまうのです。

＊　＊　＊

先だって、伝説的スターが日本で公演をすると聞き、すぐネットで申し込みましたが、すでに売り切れ。「やっぱり、無理か……」と思っていたら、数日後、友人が、「こういうのあるんだけど、行く？」と聞いてきました。なんとそれは私が行きたかった公演！　彼女の知人の伝手《つて》で席が手に入るようだけど（もちろん有料ですが）興味あったら……とのこと。「いくいく！　私チケット取りそこなったばっかりだったの」と言うと、友人も喜こんで彼女とふたりで二度と見られない貴重な公演をみてきたのです。

それが面白いのは、「引き寄せに協力しているときはこんな感じ」というまさに好例。彼女は、その話を聞いたとき、これはどうしても私に話しておかなくてはという気になったのだそうです。彼女にはほかに何人もそうしたことに興味があるお友達がいるのに……。

さらに、私が「いくいく！」というので「なら、なんとかしなくては」と思ったとたんに、当の知人から電話があり、じつにスムーズにチケットが取れたとか。おかげですばらしい体験をしてきました。

CT様

物事を普段から「大きく」考えている

その昔、とても興味深いテレビ番組を見た記憶があります。「あなたの夢を叶えます」という内容だったと思いますが、街行く人の中から誰かに突然声をかけ、「この番組では、あなたの夢をなんでも叶えますから、あなたの夢を聞かせてください」と尋ねるのです。

1人目の人は、「世界一大きいハンバーガーが食べたい！」と言いました。そして、その後、その番組のスタッフは2人目のターゲットを見つけ、同じように質問しました。すると、2人目の人は即座に「世界一周旅行！」と答えました。当然のことながら、この番組は「なんでも叶える」と約束したのですから、後日、1人目の人には直径が1メートルくらいあるような「世界一大きい巨大ハンバーガー」が届けられ、2人目の人には「世界一周旅行」がプレゼントされたのでした。

そして、本当に面白かったのは、その巨大ハンバーガーが1人目の人に届けられたときのこと。番組のスタッフは、世界一のハンバーガーに大喜びするその人に向かって、「あなたの次の方は『世界一周旅行』と答えたんですよ！」と告げたのです。すると、その方は「え〜っ？　しまった！」と、それはそれは悔しそうにつぶやいたのでした。１人目も２人目も、共に幸運にもご自身の夢を叶えてもらったことには違いないのですが、なんだか１人目の人がとっても憐れに思えてしまった私でした。

人間はとても興味深い生きものです。特になにも心の準備ができていないときに突然のことが起こると、「心の中でいつも考えていること」が思わず出てしまうものです。つまり、とっさのことで、ありのままのその人の中身が見えてしまうということ。「世界一大きいハンバーガー」も、あんまり普通の人が考えないちょっと可愛くユニークな発想だとは思いますが、「世界一周旅行」に比べたら発想が「小さい」ことにお気づきになるでしょう。「ハンバーガー」と答えた人もそれに気づいたからこそ、「しまった！」と発言されたのでしょう。

つまり、こういった突然降ってわいたような幸運さえもしっかりキャッチできるような幸せな人は、普段から「物事を大きく考えている」人なのです。「こんなこと考えてても叶うハズがない」とか、「どうせ無理に決まってる」などとは考えず、普段から自分の思いを「制限」したり、「限界」を設けたりしないため、いつも伸び伸びと自由に発想を広げています。そのために、「自分の器」さえも知らず知らず自分で大きくしていて、したがって幸運が降って来たときにも、しっかり受け取れるようになっているのです。

一方で、そうでない人は、なにを考えるにしても「叶うわけないんだから考えるだけ無駄よね」などと、いつも自分の考えに「制限」をつけたり、「限界」ばかり設けてしまっています。そして、それ以上のことを考えるのをすぐにやめてしまうので、「自分の器」も小さなものにしてしまっているのです。したがって、たとえ幸運がある日突然降って来たとしても、その「小さな器」にふさわしいものしか受け取れないわけです。

同じようなテレビ番組の企画で、今度はいつ、あなたが声をかけられる番になるかわかりませんから、そのときまでには「私は月に行ってみたい！」「宇宙ステーションに1週間滞在してみたい！」くらいの返答がサラッと言える人になっているように、今から大きく考える練習をしておきましょう！

＊＊＊

昨日、ハワイ旅行から帰国したんですが、最終日にアンビリーバボーな引き寄せを体験したのでご報告です。実は私、「オアフ島のハワイカイ（地名）に住んで、ワイキキでライブハウスをやりたいな」ってずっと思っていました。……で、今回の旅行の最終日に夫が波乗りに行ってる時間に、一人でぶらぶらショッピングしてたとき、狭い通路で男性と軽くぶつかってしまい、「どこから来たの?」から始まり、1～2分立ち話をしました。その方はアロハサーフホテルのオーナーだとか言うので、「ほんまかいな?」ぐらいに軽く聞き流して、その場は別れて……。

それから1時間ほどあちこちでお買い物して、ある店から出たところ、またその方とバッタリ！　これには二人ともビックリで、「コーヒーでもどう?」って言われたので、「これも何かの縁かしら?」と思って、ごちそうになることにしました。二人でワイキキの街を歩いて、スタバでコーヒーを飲みながら話してたら、驚いたことにその方の家は、私が住みたかったハワイカイ！　そしてそしてさらに仰天なのが、彼はアロハサーフホテルの他にアイランドコロニーっていうホテルの1Fにもカフェを持っていて、なんとその店がライブハウスだと言うではありませんか！　しかもその方はジャズピアニストらしい！

「ほんまかいな」と顔に書いてあったのか、「じゃあ店に行こう」ってコトになって、またまたついて行くと、アイランドコロニー1Fに「エドワーズカフェ」という、彼の名前のお店が……。独立記念日で休業中の店の鍵をあけて、中へ……。「あ、本当に自分の店なんだ!」

ドラムセットやアンプなどのライブセットもあり、まさしく私が思い描いてた感じのカフェ!!

そして、「ハワイに住むなら、ここで働けばいいじゃん。日本人のお客さんも多いから、日本語話せる君が居てくれたら助かるよ」と……。「え～⁉」水谷友紀子先生が「引き寄せは、いとも簡単に実現するわよ」って言ってたのがよぉ～くわかりました。

もう一つ不思議なことは、私、英語はカタコトしか話せないのに、その方と2時間近くもの間、なぜかペラペラ喋れて、普通に会話してたということ。アレは何だったんだろ？

この方の他にも今回は、オアフ在住の友達が2～3人できて、ますます移住が楽しみになってきました！

AG様

自分の「限界」を自分で設定しない！

できるだけ最高の未来を伸び伸びとビジュアライゼーションする！

ある日、コーチングの最中にこんな出来事がありました。パートナーを求めていたクライアントの方が、「デートの場面を『ビジュアライゼーション』していても、全然楽しくないんです」とおっしゃるのです。私がデートの場面をビジュアライゼーションするとすれば、「キャ～ッ！やだぁ～！」という感じにすぐになってしまい、即座に「楽しくて楽しくてたまらなくなる」ハズなのですが……。

なにかがおかしいと思った私は、そのクライアントの方に「どんな場面を描いているのか、お話ししてもらえませんか？」とお尋ねしました。「いいですよ。え～っと、未来のパートナーと近所の神社に行って、家でこしらえたお弁当を食べて……」

「なに？　近所の神社……？」そこまで聞いて、「なぜ彼女がビジュアライゼーションを楽しめないのか？」原因はすぐにわかったのですが、ちょっと話を別な方向に持っていきました。すると、彼女が今度は「ディズニーランドが大好きだ」と言ったので、すかさず「そんなにディズニーランドが好きなら、どうしてデートの場面をディズニーランドにしないんですか?」と尋ねてみました。

するると、彼女は驚いたようにこう言ったのです。「えっ? ディズニーランドにしてもいいんですか?」私は大変失礼ながら、大笑いしてしまいました。『いいんですか?』って、私が神社にしろとか、ディズニーランドはダメだとか言う権利はありませんよ。いいも悪いもあなたの想像なんですから、あなたが自分で思いっきり楽しめるような場面を描かなくっちゃ!」

すると、彼女は突然に声を上げ、「あ～、なんだかすご～くワクワクして楽しくなってきました!」と……。そして、「私、いつかイタリアにも旅行してみたい」と言い出したので、「なんならデートの場面はイタリアにしたらどうですか?」と私が言うと、「キャ～ッ!」と彼女から喜びの叫びが……(笑)。

つまり、なぜ彼女のビジュアライゼーションは楽しくなかったのかというと、彼女は過去に経験したことに基づいての未来か、過去のちょっとだけ延長線上にある程度の未来しか描けていなかったということです。また、同じように、こんなことを言う人もときどきいます。「自分が経験したことのないことは、ビジュアライゼーションしたくてもできません」と。

今まで体験したことしかビジュアライゼーションできないとしたら、これまでの人生となにひとつ変わり映えすることはありませんよね？「まだ見ぬ素晴らしい未来」「まだ体験したことのない素敵な未来」を先に心の中で見るからこそ、その素晴らしく素敵な未来に到達するのです。

私だって、自分が選挙に出るまでは、候補者として選挙を経験したことはありませんでした。自分で本を出版するまでは、出版の体験なんて当然なかったのです。でも、自分の想像力を駆使して、伸び伸びとビジュアライゼーションしたのです。そう、私のビジュアライゼーションの多くは、まだ見ぬ未来を想像しているものなのです。ビジュアライゼーションこそが、新しい未来をドンドン切り開いていく方法なのですから……。

初めて訪れる国に旅行に行くことを考えてみてください。どうやって胸を膨らませていくのでしょう？　まず、旅行社に行ってパンフレットを集めますよね？　そこには様々な現地写真も載っていることでしょう。次にその国のガイドブックも買うかもしれません。そこにはもっと写真が掲載されているハズです。つまり、資料集めをして、自分なりのイメージを創り上げ、その中に自分を組み込んでしまえばいいだけのことです。簡単でしょう？

＊＊＊

水谷先生、はじめまして！　実は、昨日少し不思議なことが起こったのです。最近mixiで仲良くなった子とお互いの夢の話をしていて、「ハワイに旅行行けたらいいね～！　プライベートビーチで！　こんなホテルで！　もうドンドン贅沢いっちゃおう！！！」なんて言いながら（笑）、ものすごくリッチなホテルのＨＰを見たり、ワクワクしながらメールのやり取りをしていました。

そうしたら……！！！　昨日、仕事終わりに従兄から久しぶりに連絡があり、「結婚式の計画がようやく進み始めました！　場所はやっぱりハワイにしようかと思ってます」と。このメールを読んだ瞬間、「え、ええええええ――――！！！！！！」。鳥肌がたちました。

引き寄せって、こんな形で起こるのですね！！！　こんな経験はホントに初めてで、まだ本当に信じられないのですが……。年明けにハワイ、楽しんで来ます！！！　宇宙さんにも、従兄にも、そのメールをしていた友達にも、みんなに感謝な出来事でした！　この今の感覚を忘れないでおこうと思います！！！

水谷先生、いつも本当にありがとうございます。これからも引き寄せ続けます。長文失礼致しました。

ＡＮ様

＊　＊　＊

水谷先生、実は、あのハワイの話には続きがありまして……。当初は「旅費のことなども考えないとなあ？」などと思っていたのですが、後日、母親から電話があり、「お父さんとお母さんは、仕事とか日程の関係で行けないので、代理ってことで旅費とか全部出すから、代わりに行って来て！！！」と言うのです。

もう！！！！！！　ほんっっっとうに信じられなくて、こんなに一瞬で大きな大きなプレゼントが舞い込んで来たというか、本当に何よりも両親に感謝！！！　だと……。「いつか絶対に親孝行する！　両親を温泉や旅行に連れて行く！！！」と、また新たな夢ができました！！！

本当にこの宇宙さんは広くて大きくて、まだまだ私たちにはわからないことがたくさんたくさん詰まっていて、自分が思っているよりも、もっともっと毎日は広くて大きくて素晴らしいものなんだろうな〜！　って、最近すごくそう思うようになりました。

これからももっともっといろんなもの！　引き寄せていきたいです！！！　水谷先生、いつも元気を与えてくださるブログをありがとうございます！

ＡＮ様

たとえ「良くない出来事」に遭遇しても、「これは奇跡の前兆かも？」と考える

「引き寄せの法則」を深く理解している人は、「自分は物事を見たいように見ているのだ」ということを知っています。よく、「コップに水はあと半分しかないと考えるか？　コップに水はまだ半分もあると考えるか？」などと言いますが、まったく同じ物事を見ていても、「あと半分しかない」と考えると心は悲観的になり、「まだ半分もある」と考えると心は楽観的になります。

このように、本当は「物事そのもの」には、「良い」も「悪い」もまったくないということです。それを見た人が「どう解釈するか」によって、「良い出来事」とか「悪い出来事」とかが決まってしまうということです。

当然、なにかを悲観的に見て「悪い」と判断されれば、嫌な気持ちになってそれを発信してしまうので、その後もまた本人にとって好ましくないことをますます引き寄せてしまうかもしれません。一方、なにかを楽観的に見て「良い」と判断されればいい気分になって、そのいい気分を

発信しているので、当然その後もまた本人にとって好ましいことが引き寄せられます。

「引き寄せの法則」を理解していない人は、「自分は物事を見たいように見ているのだ」ということに気づいていないので、一般的に「良くない出来事」と言われるようなことが起こると、ほぼ間違いなく「額面通り」にそれを受け取ろうとしてしまいます。そして、多くの場合、自分にとってまるで「それ」が「最悪」であるかのようなものの見方をしてしまうのです。そしてまた、「それ」を「最悪」だと思って見るから、ますますそれが最悪の出来事に思えてしまいます。

「引き寄せの法則」を理解している人は、たとえ一般的に「良くない出来事」だと言われているようなことに遭遇したとしても、「額面通り」に受け取ることはせず、別の見方を探します。できるだけなんでも自分にとって都合の良いように解釈するのです。するとと、「あら、不思議！」。一見最悪のように見える出来事でも、あまりそんなふうには見えなくなり、しかもそれを「もしかしたら、これは奇跡の前兆かも？」と心から思えたときには、本当にそんな出来事さえも「奇跡の前兆」になってくれるのです。

＊＊＊

友紀子先生、昨年の先生のメルマガに、アメリカの方が事故で車がペシャンコになったのに、「これは良い前兆だ！」と思ったら、翌日新車をプレゼントされたというお話が載っていましたが、それによく似たことがございましたので、メールさせていただきました。

先々月のバレンタインの日、義母の自損事故で車が廃車になることになり、お陰様で義母はケガもなかったのですが、新車を買うのに保険で半分は出るものの、残りを負担することになってしまいました……。

確かに数十万円はイタかったのですが、幸い義母も無事だったことですし、あのメルマガのことを思い出し、私も「いいことの前兆かも?」と思うようにし、気持ちよく支払いを済ませました。

すると、ちょうどその頃、主人の保険の見直しをしておりましたのですが、返戻金がなんと、その新車に負担したほぼ同額だったのです! 主人と、「そんなこともあるんだぁ……」と、ただただ驚いております。

ＹＵ様

「引き寄せ」のプロセスは いつも安心して宇宙にお任せしている

「引き寄せ」の上手な人は、自分が「ビジュアライゼーション」した後に、その望みがどのように自分の元に届けられるのかということを考えません。なぜなら「プロセスは宇宙がちゃんと考えてくれる」ことを知っているからです。また、自分の頭で一生懸命に考えたところで、いつもとんでもないようなところから不思議な形で届くことを何度も体験していますから、そもそも考えても無駄だということを知っており、いつも安心して宇宙にお任せしているのです。

ところが、多くの人は、よっぽどプロセスを考えるのがお好きなのか、「ビジュアライゼーション」した後に、「ああだ、こうだ」と思いをめぐらせてしまうようです。例えば、「臨時収入」を望んだとして、「道路に落っこちてるんじゃないかしら?」とか、「宝くじを買ったほうがいいかな?」とか、「あの叔父さんがお小遣いくれないかしら?」などなど、勝手に次々と考えてしまうのです。これは、「宇宙の無限の可能性」という選択肢を、あなたが狭めてしまうことにもなりかねません。

あるとき、私は「東京にも拠点があるといいなぁ」と考え始めました。関東方面からわざわざ遠く三重まで来てくださるクライアントの人が増えたためです。「私が東京に行けば、もっと関東方面の方のお役に立てるのに……」そう思った私は、早速、どんなところがいいのかを考え始めました。「来てくださる方のことを考えたら、絶対駅からすぐのところよね〜? もしかしたら、新幹線を使って来る方もいらっしゃるかもしれないから、新幹線の駅からも近いほうがいいなぁ」他にも二つ三つ条件は浮かんだのですが、私にとって絶対外せない条件は場所のことくらいでした。そして、「東京の拠点で喜んでコーチングやセミナーをしている自分」をビジュアライゼーションしておきました。

数日後、地元で親しくしているある会社の社長さんのことをふと思い出しました。「そういえば、次の本の出版日が決まったら教えてって言われてたんだっけ? 忘れてた! 電話しなきゃ!」それは私の前作『私も運命が変わった! 超具体的「引き寄せ」実現のコツ』の発売日の1週間ほど前のことでした。

すぐに電話をし、本の発売日を告げると、社長さんは突然思い出したかのように私にこう話し始めたのです。「そういえばさ、うちの会社が東京のある会社を吸収合併したこと、水谷さんにもう話したかなぁ？」と……。「そうなんですか？　今、初めてうかがいました。それはそれは、おめでとうございます！」と私。

するると、「その会社さあ、大森の駅から徒歩30秒のところで……」と、社長さんが唐突に「駅から徒歩30秒」とおっしゃったので、「ん？　駅から30秒？」と私が思った瞬間でした。私は誰にも一言も「東京の拠点」の話はしていなかったのに、突然、この社長さんが「そうだ！　水谷さん、セミナーやらコーチングやってるんだよね？　うちの会社使う？」とおっしゃってきたのです。

この社長さんは、すでに私の本も読んでくださっていたので、「ちょっとごめんなさい」と断った後、私はこらえきれず、電話口でひとり大爆笑させていただきました。その後、社長さんに「どうやら私はまた引き寄せてしまったようです」とお話しすると、「そうそう、明後日ね、その東京の会社に出張で行くよ！　都合がつけば、早速見にくる？」とおっしゃるのです。面白いことに、私のほうでは、その翌日から1泊2日で東京に行くことがもともと決まっており、社長さんの言う明後日は、すでに東京にいる予定になっていたのです。そして、早速、本当に「駅の真ん前と言っても過言じゃないわよね～」と思えるほどのその会社を見せていただき、私の東京の拠点は、お陰様で「あっ！」という間に決まってしまいました。

どれだけ「引き寄せ」の体験を繰り返していても、このように突拍子もない届けられ方をするので、「本当に魔法みた〜い！」といつも感激してしまいます（笑）。だって、いつものことながら、私のやったことといえばただひとつ。ビジュアライゼーションしただけなのですから……。

ひたすらあなたの「望む結果」にだけ集中していればいいのです。そして、後のことはすべて宇宙に安心してお任せしましょう。早く安心してお任せできるようになるためにも、一にも二にも「引き寄せ」の体験を積み重ねることです。そして、このように何度もびっくり仰天するような届けられ方を経験してしまえば、そのうちに「ホ〜ント！　プロセスなんていくら考えたって無駄よね？」と心の底から納得できることでしょう。

＊＊＊

私が、現在の仕事に転職する前のことです。「今している時計じゃ、新しい職場にはちょっと派手かな？」と思い、新しい腕時計を探しに行きました。お店に行くと、可愛い時計が見つかったので、「今度のお給料が出たら買おう！」と決めて家に帰りました。

それから数日後の前の仕事の最終日。みんなが退職する私にお餞別の品物をくれたのです。それを開けてびっくり！　だって、それは私が買おうと思っていた、まさにその腕時計だったからです。私は、腕時計を買う話など誰にもしていませんでしたので、誰も私がその腕時計を欲しがっていたことを知らないハズなのに……。

お餞別でもらうには高価なものなので、もらえるなんて想像もまったくしていませんでした。

私がしたのは、「その腕時計をして、次の仕事をしている自分」をただイメージしただけだったのです。

今はそのときに見たイメージ通り、その腕時計をして働いています。みんなにもらった時計なので、お守りのようにいつも大切に使っています。粋な引き寄せをしてくれた宇宙に大感謝です！

ＴＮ様

「望む結果」のみに集中し、プロセスはお任せ！

「兆し」に大いに喜ぶ！

「ビジュアライゼーション」をした後に、あなたの望んだ「それ」がやたらと目につくようになることがあります。例えば、ある日テレビで「ハワイ」に関する番組を見て、ハワイ旅行に行きたくなり、ハワイにすでに行っている自分を「ビジュアライゼーション」したとしましょう。すると、数日後、いつも買っている雑誌を手に取ると、たまたま今月号に「ハワイ特集」が載っていたり、街中を歩いていると、ふと「ハワイ」というお店の看板が目に飛び込んできて、「あら、こんなところに『ハワイ』なんて名前のお店があったのね？」などと思ってみたり、会社の同僚がある日突然ハワイの話を始めたり……。こういう出来事にだんだん遭遇していくのです。

こんなとき、ある人はとても興味深い反応をします。自分が望んだものは「実際のハワイ旅行」で、たとえこういうものを目にしても「それ」はまだ来ていないのだから、「失敗だった！」と結論づけるわけです。「失敗」だから当然落ち込みます。「やっぱりハワイなんて引き寄せられるわけないのよね」と……。そして、またまたここでネガティブな感情をバンバン出すのです。結果、そんなものを出してしまうがゆえに、実際あなたの望みは「引き寄せの法則」によってまた遠ざけられてしまい、その望みを自らの手で絶ってしまうわけです。

みなさん、これはよく覚えておいていただきたいのですが、こういう出来事は素晴らしい「兆し」なのです。あなたに「だんだんあなたの望みは近づいてきていますよ！」という宇宙からのお知らせみたいなものです。こういう「兆し」に気づいたら、「引き寄せ」の上手な人は、いちいち大喜びするものです。「キャ～ッ、来た～！　これってハワイが近づいてるってことよね～？　もうすぐ私のところにハワイ旅行がやって来るんだわ～！」この、あなたの「嬉しい！」という感情が、ますますあなたの望みをあなたに引き寄せてくれるのです。

＊＊＊

先日はコーチングしていただき、ありがとうございました！　また引き寄せたのでご報告です。水谷先生に言われた通り、小さな実験も続けようと思って、「今度は何にしようかなぁ？」って思ったんですけど……。ふと、「マカロンが無性に食べたいなぁ」って思い、「よし、マカロンを引き寄せよう」って決めたんです。

まず鮮明にイメージしたかったので、サイトから美味しいマカロンのランキングを検索して、その中から気に入った写真を携帯に保存しました。そしてその写真を「美味しそう〜！」ってしばらく見つめた後に、「箱を開けたら色とりどりのマカロンが入っていて、手を叩いて喜んでいる自分」をイメージしました！

これが土曜日なんですけど、その後、ホント面白いようにマカロンに関することが私の生活の中で目に入って来たんです（笑）。まず、月曜の朝、起きてテレビをつけたら美味しいマカロンを紹介している映像が流れました。そして、火曜日、仕事帰りに寄るところがあって、その途中の乗り換えの駅で目に飛び込んで来た自動販売機の模様がすべてマカロンの絵だったんです（笑）。

コーチングのとき、先生が「それは近づいている証拠だ」とおっしゃってたので、なんかワクワクした気持ちにこの時点でなってました。なので、ワクワクした気持ちで寝る前に楽しんでもう一度ビジュアライゼーションしちゃいました！「そういえば、もうすぐホワイトデーだし、誰かがお返しにマカロンくれたりして〜！」とか思ったんですけど、「あっ！プロセスは宇宙さんにお任せするんだった！」と思い直して、「もしホワイトデーじゃなくても、ちゃんと届くから大丈夫！」って思い直しました（笑）。

そして本日は、仕事場の売店に行ったら、ホワイトデーだからかマカロンが売ってるし

（笑）、心の中で「なんかホントにもうすぐ引き寄せる気がする」って思いました。そして、お昼休みが終わって仕事に戻ると、朝、仕事場の男性社員さんたちからいただいたバレンタインのお返しを開けようということになり……。

次々開けていくと、やはり定番はチョコですよね……。開けるたびにチョコで……（笑）。「まあ、年配の男性ばかりだし、そんなマカロンなんてお洒落なものくれないか？」って思いながら最後の箱を開けたら、なんとなんと！　マカロンだったんです〜！！！

もう思わず一緒にいた女性に「すご〜い！　私マカロンすごい食べたかったんです！」って叫んでました♪　嬉しくて嬉しくて、早速水谷先生に報告しなくちゃって思い、メールしました！

職場だったので、心の中で「宇宙さん、ありがとう！」って叫んだんですけど、これで大丈夫ですか？　一緒にいた女性からしたら「なんでそんなに感動してるんだろう？」って思われたかも……（笑）。色もイメージしたものとほぼ同じです（笑）。

ＭＳ様

「……ねばならない」という感覚がほとんどない

あるとき、私がコーチングの中でクライアントの方に「じゃあ、これこれを今後ちょっと試してみてください」と言ったときのことです。「わかりました。じゃあ、これをこれから私のノルマにします」と、彼女は返答しました。その瞬間、私は「なに？　ノルマ？」と思ったのです。

そして彼女に尋ねてみました。

「もしかして、今までに私が言ったこととか、なんか全部ノルマになっていませんか？『……ねばならない』というような……？」

「そういえば、思い当たるフシがあります。なにかの本で毎日感謝できることを5つ書けと書いてあったので、それから毎日ノートに5つ書くようにしたんですが、毎日5つも出てこなくて、結局すぐにやめてしまいました。自分で知らないうちに『毎日絶対5つ書かねばならない』というノルマにしてしまっていたような気がします……」

このように自分でなんでもかんでも「ノルマ」ととらえてしまうと、「……ねばならない」という義務感が湧いてきてしまい、とたんになんでも楽しくないものになってしまいます。その上、その「ノルマ」が達成できないときには、無意識に自身を責め始めるのです。「どうして決めたことができないの？」「こんな簡単なことなのに、なにやってるの？」と……。こうやって、ますます自分の首を自分で絞めるので、ついには苦しくなって投げ出してしまうのです。そして悲しいことに、「投げ出す自分」をまた嫌ってしまいます。

私はこのことを彼女に説明し、彼女も今まで自分がなにをやっていたのか理解してくださったようでした。どうやら彼女の人生は、「……ねばならない」ことだらけだったようです。それでは人生苦しいハズです。

「とにかく『ノルマ』というのは今後一切やめましょう。また、『……ねばならない』と思ってしまいますからね！」

「わかりました。では『課題』にします……」

私はここで大爆笑しました。私にとっては、「ノルマ」と「課題」の持つニュアンスにあまり差がなかったからです。そして、「幸せになるための練習」とか、「楽しいチャレンジ」と考えていただくようにおすすめし、「もっともっとなんでも遊び心を持ってくださいね！」と付け加えておきました。

実は、もちろん彼女だけではなく、多くの人が日々「……ねばならない」ことに囲まれて、自分で自分をがんじがらめにして苦しめているのです。「掃除をきちんとしなければならない」「朝は早く起きなければならない」「無駄遣いはしてはならない」などなど……。これが多ければ多いほど、みなさん無意識にだとは思いますが、とても苦しい人生になります。

このことに私が気づいたのは、今から20年ほど前の離婚直後のことでした。離婚後、とっても解放感を味わっていた私は、「どうして私はこんなに解放感を感じているのだろうか？」と考えました。すると、「妻たるもの、友達と夜遊びに出かけてはいけない」とか、「食事は毎日きちんと作らなければいけない」とか、「いつも家の中を整えておかなくてはいけない」とか、いろんな「……ねばならない」が次から次へと頭に浮かんできたのです。

しかも、よく考えてみると、それらは元旦那から強制されたものでも、言われたものでも決してなく、私が勝手にそう思い込んでいたものだったということに気がつきました。「やだっ！私ったら自分で勝手に自分を縛って苦しんでいたんだ」と、愕然としたものです。もちろん離婚の根本的な原因は別のところにあったので、離婚を後悔したわけではありませんでしたが、自分の考えで自分をがんじがらめにしている「カラクリ」がよく見えた瞬間でした。

それから、私はこの「……ねばならない」感覚を自分でドンドン外していったのです。今では、「……ねばならない」感覚でやっていることはほとんどないほどの、限りなくストレスフリーな毎日であり、したがって「嫌々やるとき」「我慢してやるとき」に出てしまうネガティブな思いや感情を出さなくて済んでいるのです。みなさんも、一刻も早く「……ねばならない」ことから、ひとつでもふたつでも抜け出しましょう！

自分を縛って苦しむほど、おろかなことはない！

いつも心で未来を見ているので、現状に振り回されない

これは当たり前のことと言えば当たり前のことなのですが、圧倒的多数のみなさんが、自分の人生の中で日々起きてくる「現実」のみを直視してしまい、そして、それにただ反応して振り回され、いつもオロオロしています。例えば、なにか突発的な問題や大きなトラブルにでも遭遇したとしましょう。こんなとき、多くの人は、なんとかすぐに現状を打破しようとして現実と闘い始めるか、さもなくばひたすらもがき苦しむか、あるいは逃げ出すか……こんな状態に陥ります。

「引き寄せの法則」を深く理解している人は、何度も繰り返しますが、「現実」は自分の思考の「結果」だということを知っています。なので、自分の気に入らない「結果」を目の当たりにしてしまったときには、まず、その「原因はなんなのか？」を突き止めて、その原因がわかったら、さっさと今度は自分の気に入る未来のイメージをし始めるだけです。

つまり、「現実」を直視してオロオロしてしまう人がとる行動は、単なるその場しのぎの「対症療法」であるのに対し、「引き寄せの法則」を理解する人は、根本的な治療をしているわけです。そして、「原因」を取り去れば「結果」はすぐに変わることを知っているので、「現実」や「現状」がたとえどんなに厳しいものに見えたとしても、それらにあまり重きを置いてはいないのです。

数年前に私は現在のマンションを購入し、入居しました。すると、住み始めてからまだ日も浅いうちに、とんでもないことに気づいてしまったのです。私は夜間に集中できるタイプなので、夜中にパソコンの前に座っていると、上の階からドタドタと大きな足音が響いてきたり、犬のキャンキャンいう鳴き声が延々と明け方まで続くのでした。

「しまった！　なんか大変なこと引き寄せちゃった！」と思いました。マンションは分譲だったし、賃貸として貸していらっしゃる家主の方も多くはいらっしゃらないようだったので、「この先ず〜っとこれか？」と一瞬思ってしまったからです。

この現状を引き寄せてしまった私には、すぐにその「原因」に思い当たるフシがありました。しつけに厳しい母親に育てられてしまった私は、「常識・非常識」「マナーのある人・ない人」「ルールを守る人・守らない人」などの感覚を植えつけられてしまい、特に「非常識、マナーが悪い人、ルールを守らない人」に無意識に目が行ってしまい、イライラすることがよくあったのです。つまり、「嫌だ、嫌だ！」と思っているから来てしまうということです（笑）。「やっちゃった！」と思った私は、早速、自分が望む方向で「ビジュアライゼーション」しました。「なんでかわからないけど、静かで嬉しい～！」と家の中で思いっきり喜んでいる自分をイメージしたのです。その後、何度かはイラッとすることもありましたが、なるべく上の階の音に意識を向けないようにしました。

その後、母が同居するようになった頃からでしょうか？　いつの間にか、上の階からの音が気にならなくなったのです。最初は、「うちの中でも私が出す音以外の音が聞こえるようになったから、それで気にならなくなったのかな？」と思っていました。そして、すっかり忘れてしまっていたのです。

さて、その後、マンションの自治会の役員の仕事が私に回ってきたときに、私は驚いてひっくり返りそうになりました。自治会費の集金のために各戸にお邪魔してみると、なんと、上の住人の方がいつの間にか別の方に替わっていたからです！　しかも、聞いてもいないのにその新住人の方が教えてくださったのです。「半年ほど前にこちらを購入して」と……。

こういう体験をするたびに、いつも本当に自分でも不思議に思うのですが、いつの間にか問題が消えちゃうのです。何度経験しても「あり得ない！」と、自分でもホントに感激してしまうほどです（笑）。

宇宙は、本当に私たちの想像を絶するようなことを考え出してくれるものです。何度も何度も言いますが、**自分にとってなにか「好ましくないこと」が起こってしまったときは、ただ、あなたが過去のどこかでちょっと思考の出し方を「間違えちゃった」だけ！　だから、その単なる「結果」に対して、いちいちオロオロするのはやめましょう。冷静になってその「原因」を探し、そしてまた、あなたの心で「望ましい未来」をすぐに見始めてください。**あなたには、また「今」という時から、いくらでも「現実」を創り替えることができる能力が備わっているのですからね！

現実に振り回されず、常に理想に目を向けよう！

「時間」「お金」「才能」のことは考えない

たとえ「引き寄せの法則」を知っていたとしても、まだまだ多くの人はこんなふうに物事を考えています。

例えば、ウインドーショッピングをしていて素敵なワンピースを見つけてしまったとします。あなたは嬉しくなってお店に駆け込み、その洋服を見せてもらいます。ちょっと自分に当てて鏡を覗いてみると、あら、本当に素敵！「どうしよう？　試着しちゃおうかしら……」などと迷いながら、チラッと値札を見るのです。「えっ？　6万円？」そして、店員さんの「どうぞご試着なさってみてください」の言葉に対して、「素敵ですけど、やっぱりちょっと考えます」とワンピースを返します。そして、あなたはお店を後にして心の中でこうつぶやくのです。「あ〜あ、6万円じゃ、ちょっと手が出ないわよね〜。残念！」こうして、あなたの中では「素敵なワンピースの発見！」という喜びが、あっという間にかき消されるのです。

また、ある日、テレビを見ていてイタリア旅行の番組が映し出されたとします。「ローマ、フィレンツェ、ベネチア、ミラノ！　わぁ～、一度はイタリア行ってみたいなぁ！」と、あなたは胸を躍らせ始めます。そして、翌日、早速旅行社に立ち寄ってパンフレットをもらい、いそいそと家に帰ってきて、そのパンフレットを見始めるのです。「キャ～ッ、ここ昨日テレビで紹介してたところだ！　やっぱり素敵！」食い入るようにパンフレットを眺めた後で、あなたは「そうそう、ところで旅行費用はいくら掛かるんだろう？」と最後のほうのページを確認するのです。「なにっ？　21万円？　いったい何泊なわけ？」すると、6泊8日と書いてあります。「しかも1週間だなんて、とても会社休めるわけないでしょう？」こうして、またまた「イタリア旅行」というあなたの楽しい希望が一瞬にしてはかなく散ってしまうのです。

みなさん、今までの人生の中で、どれだけこんなことを繰り返してきたことでしょう？　しかも、「引き寄せの法則」を知り、「ビジュアライゼーション」という夢を叶える方法を知った人でも、相変わらずこんなことを繰り返しているのです。一瞬だけ楽しい気持ちにはなったものの、その後は「お金」と「時間」、ときには自分の「才能」を考えてしまい、結局は「無理だ！」と諦める羽目になるわけです。いつもいつもこんなことを繰り返していては、人生が楽しいわけがありません。

「引き寄せの法則」をよく理解する人は、「お金」「時間」「才能」のことなど考えません。いつだって「自分が望んだときは、宇宙がなんとかして叶えてくれる」と思っているからです。

こういう人は、もしもショッピング中に素敵なワンピースを見つけてしまったら、大喜びして、値段のことなどそっちのけで、すぐに試着するでしょう。そして、どうしても欲しくなってしまったら、「やっぱりこれ最高に素敵よね〜！」などと言いながら、ワンピースを着た自分の姿を鏡に映し出して、そのイメージをしっかり心に焼き付けて帰ってきます。あとは、家でゆっくりそのときのイメージを思い出しながら「ビジュアライゼーション」するだけです。そして、その後は宇宙にお任せして、ウキウキ楽しみながらワンピースが届くのを待っているのです。

そして、もし、私がたまたまテレビでイタリアが紹介され、とってもイタリアに行きたくなってしまったとしたら、翌日にパンフレットをもらいに行くよりも先に、値段だとか、休みが取れるかとか、どうとかこうとか一切考えずに、イタリアのイメージが心に残っているその日の晩のうちに、「今、イタリアのローマに着いて、『キャ〜ッ、最高！』と大喜びしている私！」をとっととビジュアライゼーションしちゃいますね。

みなさん、あまりにも余計なことをいちいち考え過ぎるのです。また、そういうことばかり考えているので、人生「できないことばかり」になってしまい、ちっとも面白くなくなって、挙げ句の果てに諦め癖がついてしまい、「欲しいモノが思い当たらない」などという羽目になるわけです。「時間」「お金」「才能」のことなどは一切考えずに、これからは「これだ！」「素敵！」と思うモノやことがあったら、あなたの望む結果に「ポン！」と飛んで、すぐにビジュアライゼーションを始めましょう。

考えるよりも、まずビジュアライゼーション！

いつも「創造力」を忙しく働かせている

「引き寄せ」の上手な人は、「引き寄せの法則」が24時間（ただし、睡眠中は除く）働いていることを自覚し、自分の「創造力」をフルに活用しています。つまり、普通の人と比べると、「創造力」を意識的に働かせるのに忙しいわけです。これは心の中のことなので、外見的には普通の人となにひとつ変わっては見えないでしょうけれど……。

一方、そうでない人は、「引き寄せの法則」のことなどすぐに忘れてしまい、いつも目の前のことに対処することばかりに振り回されるか、あるいは、目の前のものごとに無意識にただ反応してしまうだけで、意識的に「創造力」を使う機会が少ないのです。

私はあるとき、いとこと一緒にテレビにたびたび登場する著名人の講演会に行きました。会場に着いてから知ったのですが、その日の講演会の主催はある出版社だったようで、講演が始まる直前にアナウンスが入りました。

「本日は、当社の〇十周年記念講演会ですので、みなさまにプレゼントをご用意いたしました。次回の講演会のペアご招待券を5名様に、当社の雑誌1年分を10名様に、そして本日の講演者の〇〇氏のサイン本を10名様に……。講演のあとに当選番号を発表いたしますので、みなさまお手持ちのチケットをご確認ください」と……。

「なに？　サイン本？」と思わず興奮してしまった私は、早速「ビジュアライゼーション」しておきました。もちろん「帰りにそのサイン本を会場の入り口で受け取って、『当たっちゃった～！』とウキウキしている私」をです。いとこにも「私、サイン本、当たるからね！」と、思わず口走ってしまいました。

そして、講演会の最後にプレゼントの当選発表があったのですが……。３０００人くらい聴衆がいたにもかかわらず、ちゃ～んといただいちゃいましたよ～、サイン本！（笑）。大ファンの方の本だったので、嬉しくって笑いが止まりませんでした。

こんなこともありました。久々にゴルフに行って、自分のプレーが下手くそだったので、その週末に、「プロを見てもう一度勉強しよう！」と思い、ゴルフの中継番組をテレビで見始めました。途中、ゾロゾロと選手について歩くギャラリーが映し出されたとき、「そういえば、私ってまだプロのトーナメントを観にいったことなかったわよね？　一度、実際に行ってみたら、間近でプロの動きが見られて勉強になるし、面白いかも」と思ったのです。そして、「ゴルフ場で、プロにくっついて、喜びで興奮しながらゾロゾロ歩く自分の姿」をイメージしておきました。

3日後、ある同級生の友人から久しぶりに電話があり、「今日はふたつ用件がある」と言うのです。ひとつ目の話は、ビジネスライクのお話でした。そして、その友人が、「もうひとつは、全然違う話なんだけど……。あの〜、ミズノクラシック行かない？」と突然言ったのです。「ミズノクラシック？　どっかで聞いた名前だけど、なんだっけ？」と私が尋ねると、「嫌だなぁ〜、女子プロのゴルフトーナメントだって！　招待券もらったから一緒に行かない？」と……。しかも、それは私の住む三重県内のゴルフ場で開催されるものだったのです。

「引き寄せの法則」を理解していた友人だったので、思わず大爆笑させてもらい、そして後日、その友人と初めてのゴルフ観戦に行っちゃいました！　しかも、試合前のプロの練習を覗きにいくと、その日絶対に近くで見たかった宮里藍、横峯さくら、上田桃子の3選手が、いつの間にか揃いも揃って私の真ん前に並んで練習を始めてくれるではありませんか！「まだ試合始まってないけど、もう3人をお腹いっぱい堪能したから帰ろうか？」と友人と笑ったほどです。

こんなこともあります。私が現在住んでいるマンションの斜め向かい辺りに、昔、私のお気に入りのお花屋さんがありました。でも、何年も前に閉店となり、私がマンションに入居したときには、そのお花屋さんはなかったのです。いつもそのお花屋さんのあった場所の前を通るたびに、花を頻繁に買う私は、「近くにお花屋さんがあったら嬉しいのになぁ」と思っていました。当然、心の中は「お花屋さんにいる私」をビジュアライゼーションしながら……。

……で、どうなったと思います？　いつだったか、マンションの玄関の向かい側に新しいお店の看板が掛かったのが目につきました。なんと、その名は「華屋」。それを見た瞬間、私は「いくらなんでも、私が『お花屋さん、お花屋さん』って何度も言ったからって、『華屋』っていうお花屋さんじゃでき過ぎてるわよね～？」などと思ってしまいました。すると、それからしばらくしたある日の午後、私の母が唐突にこう言ったのです。「向かいのお花屋さん、明日オープンみたいね！」と……。それを聞いた瞬間、またまた笑いが止まらなくなってしまった私でした。

自分の意識をネガティブなものに向け、すぐに愚痴を言ったり、落ち込んだり、心配ばかりしていないで、また、時間があるのにただボ～ッとしていないで、できるだけ自分の創造力を「意識的に」自分の幸せのためにフルに活用するようにしましょう。創造力は正しく賢く使いさえすれば、あなたの望んだものはこのように次から次へとちゃんと現実化するのですから、意識的に使わないことのほうが本当にもったいないことだとは思いませんか？

とにかくひたすら何度も何度も「ビジュアライゼーション」の練習を繰り返す

「引き寄せの法則」を知ってから、本当にあっという間に引き寄せが上手になるような人は、とにかく熱心にひたすら何度も何度も「ビジュアライゼーション」の練習を繰り返します。一方、いつまで経ってもあまり引き寄せの効果が出ないような人は、明らかにビジュアライゼーションの練習をほとんどしない人……。

私の知人で、私が直にビジュアライゼーションの方法を教えたのにもかかわらず、その後「引き寄せた！」との報告がほとんどない人がいました。ある日彼女に聞いてみると、やはりビジュアライゼーションは全然やっていないとのこと。理由はわかっていたのですが、念のため「どうして?」と尋ねてみました。すると、予想通りではあったのですが、「やっても上手くいくはずないと思っちゃう」とのことでした。

ビジュアライゼーションを繰り返さない人の理由は、ほぼ間違いなく彼女と同じ理由です。つまり、「来ないとき」のショックを今から考えて、そんなショックを受けたくないからと、そもそもやらないのです。または、一度か二度はやってみたものの、やはり「来なかった」ので早々に諦めてしまったような人です。

そして、結局、意識的にビジュアライゼーションしないので、自分の望みや夢が次々と叶うなどという体験をすることもなく、こういう人は相変わらず以前とほとんど変わらない「思い通りにならない人生」を歩んでしまうことになります。「ビジュアライゼーションしないからなにも起こらない。なにも起こらないから『引き寄せの法則』なんてやっぱり信じられない。信じられないから余計にもうなにもしない」という悪循環に見事にはまっています。

こういう状況に陥ってほしくないがゆえに、みなさんに「はじめは小さなもので実験してみましょう！」とおすすめしているわけです。アイスクリームやケーキなら、そんなに落ち込む必要もないでしょうからね。「引き寄せの法則」を知ってから、いきなり「パートナー」とか「宝くじで2億円」とかをビジュアライゼーションする人もいるようですが、「引き寄せる」という体験を何度も積んで、「引き寄せの法則」を本当に確信するようになってからでも遅くはないと思うのですが……。

また、**私はビジュアライゼーションの練習をいつも「自転車乗り」にたとえますが、それはビ**

ジュアライゼーションも頭で理解するものではまったくなく、その感覚を体得していくものだからです。みなさん自転車にすぐにスイスイ乗れるようになったのでしょうか？　何度も何度も自転車に実際に乗ってみて、足の動かし方や重心の取り方など、ひとつひとつ体でコツを覚えていったのではありませんでしたか？

頭の中にいくら素晴らしい知識がたくさんあろうとも、それを自分の人生や生活の中で応用できなければなんの意味も持ちませんからね〜。ありがたいことにビジュアライゼーションは「一日5回まで」などという制限はまったくないものですし、私たちすべての人間に生まれながらに具《そな》わっていて、すでに毎日使っている「創造力」を意識的に正しく賢く使うというだけのものなのですから、毎日たくさん練習して早く「思いのままの人生」を創り上げる最強のツールにしてくださいね。

＊＊＊

初めまして、先生。こんにちは♪　先生の本を毎日持ち歩いて、引き寄せしまくりのYと申します（笑）。私は爆発的に伸びるタイプだったのか、小さな引き寄せは毎日のように起こっています。「食べたいなぁ」と思っていたお菓子をはじめ、欲しかったカラコン等、潜在意識さん、宇宙さんに感謝しまくりの日々です（私は宇宙さんに伝えてくれる潜在意識さんにも感謝するようにしています♪)。中でも、とても嬉しかった引き寄せがあったので報告したくなり、ご連絡させていただきました！

実は先日、私が崇拝（笑）してやまないアーティストのLIVEがありました。LIVEは3日間あり、3日とも行ったのですが、実は3日目はビジュアライゼーションでチケットを引き寄せました♪　もともと3日目も行きたかったのですが、財布の事も考え諦めていたのですが、「誰か3日目のチケット安く売ってくれないかなあ……3000円くらいで（笑）」とぼんやり思っていたので、とりあえず3日目もLIVEに行って楽しんでるイメージを軽くしました。そしたら数日後、本当に3000円でそのチケットを売ってもらえることになったのです☆

それだけではありません！！！　LIVEの最中に、アーティストやそのバンドメンバーがその人自身が使ったタオルやペットボトル等を投げてくれるのですが、それがどうしても欲しくてそのアーティストが投げたタオルを手に入れるビジュアライゼーションをしたんです！　その結果、タオルではありませんがタオル以上にとるのが難しいそのアーティストの衣装をゲットしちゃいました☆　LIVEの演出で途中で衣装を脱いで観客席に投げるのです♪　何となく衣装は無理だと思ってタオルでイメージングしてたのに、まさかの衣装をゲットできてめちゃくちゃ嬉しかったです♪　この衣装をゲットしたのがLIVE2日目だったのですが、よくよく考えてみるとこの日、タオルは投げてなかったので潜在意識さん、宇宙さんが代わりにタオル以上に嬉しい衣装をプレゼントしてくれたのかな？　と思いました（*>▽<*）
まだまだあります☆　実はこの衣装をゲットしたことで調子にのって、3日目のLIVEが始まる前に、LIVEの最中にネクタイも投げるので、友達に今日はネクタイとってくる～☆　なんて言いまくってたんです（笑）。軽くイメージングだけしてLIVEに行ったのですが……本当にネクタイをゲットしちゃったんです！！！　これにはさすがにびっくりしました！！！「潜在意識さん、宇宙さん凄すぎる！！！！！」って感じです（笑）。ただ、私が欲しかったのはアーティストのネクタイだったんですが、ゲットしたのはそのアーティストのバンドメンバーのネクタイ（笑）。友達にネクタイとってくる！　と言うときに、そのアーティストのネクタイとってくる！　って言っておくべきだったなぁ～と思いました（笑）。まぁネクタイ取れただけでもめちゃくちゃ嬉しかったです。友達には、運強いとかそういうレベル越えてるやろ……って言われちゃいました♪
潜在意識さん、宇宙さんに感謝の気持ちでいっぱいです☆　ありがとうございます、潜在意識さん、宇宙さん！♪　また大きな引き寄せをしたら連絡させてください♪
Y様

Chapter3
アクションで引き寄せる

暗いニュースや悲観的な番組などはできるだけ見ない

日本人は世界で一番テレビを見ている国民だと以前どこかで聞いたことがあります。テレビを長時間つけっぱなしにしている人もたくさんいるようですが、私たちが接しているこういったマスメディア（テレビ、新聞、ラジオ、雑誌等）の情報から、無意識になんらかの影響を日々受けていることには、あまり気づいていないようです。

私はあるときから新聞を取ることをやめました。テレビもほとんどつけない日が多いですし、本当に興味があるものを見ることがほとんどで、数時間もテレビをつけっぱなしにしていることはまずありません。

もちろん自分の楽しみのためにサッカーの試合、ゴルフのトーナメント、大好きな映画を見ることはありますよ。また興味をそそられるドキュメンタリー番組などは見ます。でも、それ以外のときは、暗いニュースや悲観的な情報、場面が目から耳から入ってくるのを意識的にストップしているのです。

だって、「なにも感じるな、思うな！」と自分に言い聞かせたところで、ネガティブなものが突然目や耳から入ってきたら、とっさに嫌な思いは出てしまいますもんね？　また、無目的にダラダラとテレビを見て、なにかを見たり聞いたりしては、またどうでもいい思いをひたすら垂れ流すようなもったいない時間とエネルギーの使い方をしたくないからです。

社会を見渡してみるとこんなことが起こっていませんか？　例えば日本のどこかで「通り魔事件」が起こったとしましょう。すると、その直後に日本の別な場所で同じような通り魔事件が起こります。また、ある日、日本のどこかで「大きな交通事故」が起こります。すると、その後、別の場所で大きな交通事故が起こったり……。**これらは、社会の大きなニュースになるために、多くの人が一斉にそれらに関心を向け、「嫌悪感」や「怒り」を出して、エネルギーをその出来事に注いでいるためだろうと思います。**

あるとき、友人からとても興味深い相談を受けたことがあります。友人の知り合いの青年が「ドロドロの人間関係」を描いたマンガばかりをいつも夢中になって読んでいるというのです。ほんのちょっと寄ったコンビニでさえ、いつの間にかマンガのコーナーへ行き、また同じような内容のものを立ち読みしているほどなのだとか……。

そしてこの友人は「引き寄せの法則」を理解していたためこう続けたのです。「それでね、この青年、まだ若いのに人生の中ですでに『信頼してた人に裏切られるわ、人には年中だまされるわ、モノは盗まれるわ』で、年中ドロドロの人間関係に巻き込まれてるのよ。これってまさにそんなマンガの影響そのものよね？」

間違いないと思います。きっとその青年は、年中そんなマンガを読んでいて、いつもいつも「ドロドロの人間関係」のことばかり考えるようになってしまったのでしょう。そして、いつの間にか心がそれにすっかりハマってしまったため、「人生には問題がつきもの」と思い込んでしまい、それが現実化するようになってしまったのです。

私たちは、すべてとは言いませんが、自分が目にするもの、耳にするものを自分で選べるのですから、自分にとって「楽しいもの」「嬉しいもの」「心地いいもの」をできるだけ選ぶようにしましょう。

楽しいことのために貯金をする

みなさんは、ある程度の貯金をしていらっしゃることと思いますが、一体なんのためにせっせと貯金に励んでいらっしゃいますか？　子どもの将来の学費を貯めたいからとか、家のローンの返済に充てたいからというような理由なら良いのですが、もしかすると病気や事故や天災のときのため、つまり「まさかのとき」のために貯金をしていらっしゃるのではないでしょうか？　この「まさかのとき」のことを考えていると、残念ながら、そのまさに恐れていた「まさか」のことを引き寄せてしまう可能性があります。

私が日々コーチングを行っているなかで、クライアントから同じような話を繰り返しお聞きすることがあります。例えば、自動車の任意保険の見直しがあったので、「いざというときのために、少し上げておいたほうがいいわよね？」と思って保険金額を上げたら、その直後に本当に交通事故に遭ってしまったというようなお話です。

「引き寄せの法則」をまったく知らない人は、こんなときには逆に喜んで、「良かった〜、金額上げておいて……。予感が当たった」などと解釈して胸をなでおろすかもしれませんが、私からすれば、みなさん全く無意識にではありますが、「いざ」というときのことを考えてしまったので、その「いざ」ということを引き寄せてしまったのです。

私は、とっても若い頃に生命保険の会社に勤めていたのですが、今の私はなんの生命保険にも加入していません。また、自動車に乗っているので、強制保険である自動車損害賠償責任保険（自賠責保険）には当然加入していますし、任意保険にも加入してはいますが、それも最低限のものにしています。もちろん、みなさんに生命保険や自動車の任意保険を「やめなさい」などと言っているのではありませんが、「いざ」というときのことにはなるべく意識や関心を向けずに、それよりも「私はいつも安全です」とか、「私は健康そのものです」といった安心感を心にドンドン植えつけるようにしましょうということです。

貯金だってまったく同じことです。引き寄せの法則を深く理解している人は、少なくとも「まさかのとき」のための貯金はしていないものです。だって、「まさかのとき」のことを考えてしまい、その「まさかの出来事」を自分で引き寄せて、結局、その貯金を失うことになってしまったら大変ですからね〜。**そんなことよりも、将来の自分の幸せを広げ、さらなる夢や希望を実現**

するために貯金をしているのです。つまり、自分が「楽しい！」「嬉しい！」と感じるポジティブな理由のために貯金をするのだということです。

もっと大きくて素敵な家を購入するためとか、将来、世界一周旅行に行きたいからとか、海外移住したいからとか……。こんな素敵な理由なら、毎月貯金をするたびに自分の夢を思い出してはワクワクしてくるでしょう？　ぜひみなさんも「貯金をする理由」についてもう一度じっくり考えてみましょう。そして、素晴らしい理由を発見してみてくださいね。

「いざ」ではなく、「夢」のための貯金を！

いつも受け取る準備を万全にしておく！

もしあなたが大きな鉢に入った素敵な観葉植物をインターネットで見つけ、オーダーしたとしたら、まずそれをどこに置きたいのかを考え、場所が決まればそこのスペースを空け、要らないものを片づけたり処分したり、そして掃除もしておくことでしょう。そして、あとは楽しみながらその観葉植物の鉢植えが届くのを待つばかりですよね？

「引き寄せの法則」を深く理解している人は、なにか自分の望むものを「ビジュアライゼーション」した後、これと同じようなことをしています。つまり、「もう、それは来る！」と思い込んでいるので、実際になにかを買ったときのようにその気になって、自分が思いつく限りの「受け取る準備」をせっせとしているということです。そして、あとは安心して待っているのです。

例えば、私がなにか素敵な洋服を見つけ、それをビジュアライゼーションしたならば、その後、私は自分のクローゼットを開けて、もう着ないであろう洋服を選び出して処分します。そして、私がすでにイメージした、もうすぐ届く洋服のためのスペースを作っておきます。

また、「イタリアに旅行に行きたい」と思ったならば、すぐにイタリア旅行のパンフレットをもらいにいったり、イタリア旅行のガイドブックを買いに走ったり、はたまたイタリア旅行用の洋服を探して買ったりして、準備を万全にしておくのです。もちろん、こんなことをしながらますます期待に胸を膨らませ、またまた思いっきり楽しんでいるのです。こうして、ちゃんと準備をしておけば、あなたの望むものが、ある日突然やって来たときにも、それを受け取り損ねてしまうということはありません。逆に言うと、あなたの準備が整っていなければ、それを受け取り損ねてしまう場合があるということです。

この「受け取る準備」に関して、私はある日、テレビで素晴らしい場面を目撃しました。数年前に日本の一部地域で皆既日食が見られましたよね？　その頃、その皆既日食を海の上から観測しようと、あるフェリーが日本の南方に向けて出港したようです。そのフェリーに乗っていた人を取材した番組だったと思います。

このフェリーには、ある新婚のカップルが乗っていました。素敵なことに、この皆既日食の洋上観測が彼らのハネムーンだったのです。そして、ご主人が語り始めました。「僕は、皆既日食を観るのが大好きで、今までいろいろな国に足を運びました。今度は、日本で観測できるというので、この船のチケットが発売されると聞いたときに、すぐに買いに走ったのです。しかも、『愛する人と一緒に皆既日食を観たい』と思ったので、チケットを2枚買っちゃいました」

実は、このご主人、この船の旅のチケットを買ったときには、彼女の影も形もなかったのだそうです。でも、「絶対この旅をハネムーンにする！」と思い、自分の分と未来の奥様の分と2枚購入したのだそうです。するとその後、ある日突然、友人から女性を紹介されました。その女性と話してみると、なんと彼女も皆既日食などの天文学的な現象が大好きだったそうで、二人はすぐに意気投合し、そのまま結婚までたどり着いてしまったのだとか……。彼の予定通り、めでたく二人のハネムーンはその年の皆既日食の洋上観測ツアーとなったとのことでした。

この場面をテレビで見ていた私は、思わず心の中で叫んでしまいました。「うわぁ〜、この方すごいなぁ！　究極の準備万端よね〜！」と。自分の望みが叶うことを信じられなければ、高いお金を出すというリスクを負ってまで、普通はこんなことはできませんよね？　でも、彼は信じていたのでしょう。「きっとパートナーが現れ、二人で皆既日食を観にいける！」と……。そして、準備万端整えていたがゆえに見事に夢を引き寄せたのです。

できればみなさんも、ただ単にご自分の望むものや状況をビジュアライゼーションするだけでなく、その後に「なにか準備しておくことはないかなぁ？」と考えをめぐらせて、思いつくこと

があれば、それを次々と、楽しみながらやっておきましょう。まるで「それ」がもうすぐ来るかのように……。そうすれば、あなたの期待はますます高まって喜びを発信するので、引き寄せる力ももっともっと高まることでしょう。

準備が整った人こそ、大きな幸せを引き寄せる！

なんにでもすぐに妥協しない！

何年か前のことになりますが、同級生3人と一緒に海外旅行に出かけたことがありました。最終日にみんなでショッピングを楽しんでいたときのこと。ある友人が、ブランド物の財布を見ていて、「ちょっと一緒に見てくれる？　どっちか買おうと思うんだけど、迷っちゃって……」と言いました。私は、「自分が本当に好きだと思えるほうにしたら？」とアドバイスしたのですが、結局、彼女は「やっぱり、安いほうにするわ」と言って、安いほうの財布を購入したのです。

もちろん彼女がそのときに「やっぱり、こっちのほうのデザインが好きだわ」などという理由でその財布を選んだのであれば何も気にはしなかったのですが、値段を理由にしていたので、もうひとり私と同じような考え方をする友人と、思わず二人で目を見合わせてしまいました。なぜならば、私もその別の友人も、基本的に「ただ安いから」という理由でモノを買わないからです。多少値段が高くても、自分で「あぁ、これ大好き！」と思うモノを購入します。

また、自分がどこか妥協しなきゃいけないようなものなら、自分が心から「素敵！」と思えないようなものなら、私なら買わないと思います。逆に言うと、どうしてもなにかが欲しいとなれば、私は絶対に諦めずに素敵なものを探し出します。

昨年の夏、私は久しぶりに水着が欲しくなりました。インターネットでいろいろ探してみましたが、「ピン！」と来るデザインのものがまったくありませんでした。そのとき、「そうだ！　日本になければ世界を探せばいい！」と思い立ち、英語で「swimsuit（水着）」と入力してみたのです。すると、やっぱり世界は広いですよね～！　外国に目を向けてみれば、素晴らしく素敵なデザインの水着が次々と見つかるではありませんか。なかでも「うわぁ～、こんな水着、今まで見たこともない！　格好良すぎる～っ！」という水着を発見し、パリのお店からすぐに個人輸入したのです。

多くの人は、日々妥協ばかりしてしまっているようですが、そんなことをしていると、いつの間にか「諦め癖」がついてしまい、心から「ばんざ～い！」と喜びを感じることなどできません。

また、自分の身の回りが「代用品」であふれかえっていて、どこを見ても満足できないものばかりに囲まれて生活することになります。これでは精神衛生上もあまり良いとは言えませんよね？　そして、みなさんも一度や二度は経験したことがあるでしょう？　妥協して買ったものに満足できず、結局、やっぱり一番欲しかったものを後から購入し直したということが……。最初に妥協して買ったものは、「無用の長物」になってしまい、「あ〜あ、こんなことなら最初から一番好きなもの買っとけば良かったなぁ。結局損しちゃった！」ということが……。

こういうことのなにが良くないかというと、「諦め癖」をつけてしまい、「代用品」ばかり手にしていると、無意識のうちに自分で自分の価値を下げてしまうからです。知らず知らずのうちに「やっぱり私って、代用品がふさわしい人なのよ」と、勝手に思い込んでしまうのです。そして、なにか素敵なものを手に入れるチャンスが目の前に来たとしても、自分で「それにふさわしい」とは思えなくなるので、またすぐに諦めたり、我慢してしまったり……。これでは、自分で満足のいく人生など送ることができなくなってしまいます。

また、自分にとって大好きなモノばかりを自分に与えると、大好きがゆえにそれらに愛情がわき、モノを大切にもします。私は、大好き過ぎてもう何十年も使っているモノが結構あり、知り合いに「ねぇ、それって、すっごく長く使ってるわよね〜？」と驚かれることがしばしばです。

ブランド物ばかり買いなさいとか、値段が高いモノが良いモノですよなどと言うつもりはさらさらありませんが、**これからはたとえ値段が少々高くても、できるだけ自分にとって「最高のモノ」、自分にとって「大好きなモノ」を選ぶようにして、なんにでもすぐに妥協して諦めることのないように心がけましょう。そのほうがあなたのハートは満足感を覚え、自分の価値を自分で高めることになるのです。**

＊＊＊

水谷様、お元気でいらっしゃいますか？　実は今月末に、今の部屋を出て新しい場所へ引っ越す事が決まりました。引っ越しを決めたとき、実は金銭的な理由から、次は家賃もグレードも環境もすべてを下げて、やり直すつもりでした。……が、不動産屋を4軒まわり数々の物件を見て、正直落ち込みました。今の私の収入の範囲内で探しても、住みたいと〝心〟が感じる場所が全くなく、もう退去も決まっていたので、早くどこかで妥協しなくちゃと思っていました。

そして先週末、たまたま通り掛かった不動産屋の高級物件をメインにした看板を羨望の眼差しで見つめていると、営業の方が出てきたので、中でいろいろと現状を伝えました。「大阪駅近くの○区と□区が希望で、家賃は大幅に下げたいが、できればグレードも環境も下げたくない」と、とてもわがままな注文を初めて心から正直に伝えました。すると、奇跡が……！

○区にある超高級マンションの4～7階の賃貸専用部分に空きがあり、間取りも内装も好み以上の完璧さで、癒しの緑と水の場がある敷地内には、スーパー、ドラッグストア、コンビニ、お洒落なカフェ&レストラン、スポーツクラブ、クリニックなどが入っていて、おまけに私の職場に直通の路線が2線も通っていて、どちらも駅まで徒歩3分。交通費も格段に安くなり、それで家賃が今の半額強！　すべてが完璧でした。あまりの感動で言葉が出ませんでした。こんな場所があったのかと……。妥協せず、心を正直に伝えることができた出会いに感謝でした。

今回の引っ越しで、一度は住まいのすべてを下げる覚悟をしましたが、結果的に新しい家が、家賃以外は素晴らしく上がってしまった奇跡におどろきを隠せません……。こうしてようやく引っ越し先が決まった事と、引き寄せの法則はいつも私の中で働いてくれていることを信じることができた事、重ねてご報告させていただきます。水谷さんの次なる本を買って読みながら、引っ越し準備がんばります！

KM様

「創造力」を常に意識するよう心がけている

自分の「意識（思考、イメージ、感情）」や「創造力」をいつも意識していること、あるいは「引き寄せの法則」がいつも働いていることを覚えていることは、実際にやってみた人はわかると思いますが、なかなか難しいものです。私も二十数年前に初めて「引き寄せ」を自分で体験して以来、何度も何度もこのようなことを忘れて生活してしまい、とうとう落ち込んでしまってから「あれ？　私、なんか忘れてるわよね？」と、慌てて「引き寄せの法則」のことを思い出したりしたことが多々ありました。

「意識」「創造力」「引き寄せの法則」などを忘れてしまうということは、当然のことながら「ビジュアライゼーション」することもいつの間にかすっかり忘れてしまっていて、上手くいかない結果を選択してしまうもの。また、こんなときには自分が変な思考や感情を出していることに無頓着なので、ネガティブなことを引き寄せてしまっているものです。

こんなことを何度も繰り返したため、いつの頃からそうなったのかは忘れましたが、私はできるだけ自分の「意識」「創造力」「引き寄せの法則」などを常に思い出すために、毎晩必ず夜寝る前には本を読むことにしました。**「引き寄せ」に関連する本を、毎日たとえ数行でも数ページであっても目にするように心がけたのです。**

読者の中にも、ありがたいことに「水谷先生の本を毎日必ず1冊はバッグに入れて、電車の中とか喫茶店で読むようにしています」という方がたくさんいらっしゃいますが、こういう方は、無意識のうちにしっかり「引き寄せの法則」や「創造力」のことを自分の中に染み込ませているものです。

また、私は自分の経験上、「意識」や「創造力」をいつも意識するのは結構大変だとわかっているので、こうやって本を出版させていただき、平日はTwitterで毎日なにかを呟き、一日おきくらいにブログでみなさんからの「引き寄せ」の体験談を載せ、週末にはメルマガを発行したりしているわけです。すべて、「引き寄せの法則は24時間働いているんですからね。あなたの思考を今日も建設的に使いましょうね！」ということをみなさんに毎日思い出していただきたいがゆえのことなので、ぜひこれらもご活用いただければと思います。

また、「引き寄せの法則」に関する本を毎日読まないまでも、そういう本をどこか自分が毎日目にする場所に置いておくというのでも、思い出すきっかけにはなるでしょうし、**朝、起きた瞬間に「今日はなにをビジュアライゼーションしようかな？」とまず思ってみたり、寝る前に「今日はなにを望んだっけ？」と確認したりすることなどを習慣にするのもいいでしょう。**また、電車の中で座ってるときや歩いているときに、「なにか忘れていないかな？」と思うようにして、「そうそう、自分の創造力のことよ！」と思い出す癖をつけるのもいいと思います。

こういうことをこまめに繰り返していれば、「いざ！」というときには、自分の中にある最大最強の力のことを思い出して、すぐにビジュアライゼーションするようになるでしょうし、意識的に気分の良い方向に自分を持っていくことも容易《たやす》くなることでしょう。悲しいかな、こんなことをすっかり忘れて放りっぱなしにしてしまうと、気がついたときには、私たちはしばしばとんでもない方向に進んじゃっているものなので、どうかご注意を……。

＊＊＊

私も、何軒か本屋さんをまわり、先生の『私も運命が変わった！　超具体的「引き寄せ」実現のコツ』をゲットしました。嬉しくて、もったいないので少しずつ読ませて頂こうと思っています！

ところで、今日、すごい物が当たりました‼　何とダイソンの定価8万円程する掃除機がやって来ました。熱望していたのは去年の夏の頃で、すっかり忘れていましたが、先月たまたまプレゼントを見かけたので軽い気持ちで応募したら当たりました！　これには家族もびっくり。一気にレベルアップした感じです☆　何の努力もなく手に入るってこういう事なんですね！　この調子で実験を続けて、更に色々な物や事を引き寄せたいです！

まだまだ試行錯誤の日々ですが、最近は、時間があると、楽しい事ばっかり考えています。今までは、しっかり現実に向き合い、楽しい事は考えてはいけないと思っていました。でも思考を変えていくうちに、おまけを3つもらえたり！　会いたい人に突然会えたり！　いい事が増えています。

今回の新刊も、前作も毎日寝る前にい～い気分で読んでいるんですよ☆　本の中で何度もあなたは、あなたはと語りかけてくれるので、「そうだ！　私にもできそう！」と、とても勇気がもらえます。本当に、これから人生が変わっていきそうです。また嬉しいことがあったらご報告させてくださいね。

MO様

成功した人の考え方を徹底的に真似る！

世の中でさっさと成功していく人や、「引き寄せ」が早く上達する人は、自分より先に成功した人の素晴らしい知恵を吸収するのがとても上手いのです。こういう人は、自分を成長させてくれたり、自分を刺激してくれたりするような本をドンドン読み、講演やセミナーなどにも自分のお金を投資します。

そして、ただ読んだり聞いたりして、そのときだけちょっと「その気」になるのではなく、特に成功者の考え方に注目し、そこで学んだアイデアなどを実際に自分で思いっきり試してみて、使えるものは自分の幸せな人生を築き上げるために次々と取り入れていきます。つまり、成功した人の考え方を素直にドンドン真似ているということです。

実際、世の中には素晴らしい知恵がふんだんに詰まっているような書籍などがいっぱいあります。こういう本は著者自身の何十年にも及ぶ研究や体験を、体系的にわかりやすく一気に提供しています。読者は、著者が何十年という時間をかけて培ってきた知恵をたった数時間にして授かることができるわけで、こんな手っ取り早くありがたい方法はないと思います。

私の場合は「引き寄せの法則」を知った当初、これを教えてくださるような方が周りにまったくいなかったし、「引き寄せ」に関する書籍もほとんどなかった時代だったので、ひとりで試行錯誤しながら二十数年も研究する羽目になりましたが……。それでもその間、自分を成長させてくれるような本は片っ端から読んでいました。もちろん現在でもそれは続けていますよ。そして、「うん、これはいいアイデアだ！」と思うようなことや、「これ、使えそう！」というようなことを発見したときには、さっさと自分で試してみるのです。

いつだったかも、私が初めて目にする外国の著者の「引き寄せの法則」に関する本を読みました。その中で、私の知らなかったアイデアを発見したので、早速、自分でその効果を試すことにしました。すると、その効果がたちまち表れ、私は「やっぱり、これ使える～！　これからもやってみよう！」と、ひとりニマニマしてしまったのでした。

そういえば、私が二十数年前にびっくりするような大きな奇跡を突然3つも引き寄せ、以来「引き寄せ」の研究にひたすら没頭することになったのも、ある本を読んでいて、「あなたの夢が叶ったときのことをイメージしなさい」と書いてあったので、その日のうちに素直に実行に移してみたからでした。

また、すでに成功している人の本などをいっぱい読んでいると、そういう人の考え方も自然に身に付いてくることでしょう。そして、なにか問題に直面したときにも、こんなふうに考えるようになります。「もしもあの方だったら、こんなとき、どういう考え方をするのだろう?」そして、まるであなたが、あなたの尊敬する「その人」になったようなつもりになって考え始めることさえできるようになります。こうして、知らず知らずのうちに、「成功者の意識」が植えつけられていくのです。

一方、人生があまり上手くいかないような人は、そもそもこういう本など読まないでしょうし、自己啓発とか「引き寄せ」のことに関連する本、講演、セミナーにお金を使うくらいなら、美味しい食べ物や、綺麗な洋服や、映画や旅行にお金を使おうと考えることでしょう。

たとえ成功した人の書いた本を読む機会などがあったとしても、「まぁ、結構いいこと書いてあるわよね」ぐらいにしか思わず、挙げ句の果てには「すべてもうわかっている」と言わんばかりで、その中の素晴らしいアイデアを試してみるということなど思いも寄らぬことでしょう。私の本をすでに読んでくださっていても、「ビジュアライゼーション」をまったく試さないという人にたまに出くわすことがありますが、「もったいないなぁ〜」と口に出して叫んでしまいそうになります（笑）。これぱっかりは本人の考え方のことなので、私が強制するわけにはいかないのですが……。

とにかく「すでに成功して実績を出している人の考え方を徹底的に真似る」ことこそ、成功への最短距離だと私は思います。お金持ちになりたかったら、すでにお金持ちになっている人の考え方を徹底的に真似て、すぐに自分のものにしてしまうことです。幸せになりたかったら、すでに幸せで幸せでたまらないという人の考え方を徹底的に真似て、素直に取り入れてみましょう。そして、「引き寄せ」の達人になりたければ、すでに達人となった人の考え方を徹底的に真似て、ただ実行してみればいいだけなのです。

「幸せ」だって、真似することができる！

ネガティブなことに必要以上の関心を持たない

ある女優さんのインタビューによると、彼女はそれまでに癌に5回も6回も冒されてしまったそうです。彼女は、お母様もお姉様も癌で亡くしていたために、自分もいつか癌になるかもしれないと強烈に恐れていて、癌にならないための研究をしていたにもかかわらずです。

とても残念なことではありますが、「引き寄せの法則」の観点から見ると、この方がまったく間違ったことをやっていらっしゃったことにお気づきでしょうか？　つまり、もちろんご本人は癌になることなど望んでいらっしゃったはずはないのですが、それを恐れるあまりにいつもいつも「癌」に強烈な関心を向けていたということです。これでは当然のごとく、潜在意識には「あなた、そんなに『癌』が欲しいのね？」と受け取られてしまい、「癌」を見事に引き寄せてしまいます。

このように「引き寄せの法則」をまったく知らない人はもちろんのこと、「引き寄せの法則」

を多少は理解しているような人でも、大なり小なりこの女優さんと同じようなことを知らず知らずのうちに繰り返しているものです。最近は、テレビでも健康問題に関する番組がやたらと多いため、「癌を予防する」などというような番組を毎回食い入るように見てはいらっしゃいませんか? また、テレビだけでなく、書籍、雑誌、インターネットなど、巷には「癌」「脳血管疾患」「心臓病」などに関する情報があふれていますので、「こういう病気に自分や家族がならないために」と思って、知識を一生懸命吸収しようとしてはいらっしゃいませんか?

また、多くの人が、いつもいつもお金に関しても「ない」ことばかりに意識を向けています。「月末の支払いがちゃんとできるだろうか?」とか、「あ〜あ、貯金の残高がもうこれっぽっちだわ」とか、「お金がないから今月はこれで我慢しよう」とか……。これでは、残念ながら「お金がない」状態が延々と繰り返されるばかりです。

「引き寄せの法則」を深く理解している人は、「自分が関心や注意を向けたものが自分の人生に現実化する」ということがよくわかっていますので、決して「貧困」とか「病気」などのネガティブな状態には目を向けず、常に「豊かさ」や「健康」など、「自分が本当に望むことばかり」に注意や関心を向けているのです。日々、自分の周りの豊かさを探しては、「私はなんて豊かなんだろう!」という思いを発信しています。また、自分の健康な状態に感謝し、常に「完璧な健康体」のイメージを描いています。

だからといって、「病気の知人を見舞うな」とか、「貧しい人を無視しなさい」とか、「冷たい人になれ」と言っているわけではありません。「引き寄せの法則」をよく理解している人は、今現在窮地に陥っている人にも温かい手を差し延べる一方で、自分自身はそういう問題から完全に独立し、しかも、そういう人にはその人の未来の「豊かな姿」「完全な健康状態」を心で見るようにしているのです。問題なのは、普通の人は、「貧困」や「病気」を目にすると、心がいつもグラグラしているために、自分も病気や貧困を恐れてみたり、心配したりし始めて、いつの間にか関心をそれらに向けて、自分も一緒に巻き込まれてしまうということです。

これからは、できるだけ本当に自分の望むことにだけ関心を注ぐようにしましょう。あなたの心の中にいつも「豊かだ！」という思いがたくさんあるから、現実として、あなたは「豊かさ」を引き寄せるのです。**あなたの心の中に「自分は本当に健康だ！」という確固たる考えがあるから、あなたの身体には完璧な健康体が現れるのです。たとえ自分の目の前の現実がどんな悲惨な状態であろうと、あなたの心の目は、いつも「輝かしい未来のあなたの姿」ばかりを見ていてくださいね！**

水谷様、先日はコーチングありがとうございました。あのときに「最近、通帳を見なくなった」と申し上げましたが、お給料日にはちゃんと振り込まれているかは見る私なのですが……。

なんと、なんと、なんと！　ＴＯＴＯが当たっており入金されていました。金額は４７００円位でしたが、もちろん大喜びの大ジェスチャーをしました。最初、通帳を見てもなんのお金か全くわからず、よくよく読んでみて納得して、サイトで確認しました。

いやあ、しかし金額の大小にかかわらず嬉しいものです。だんだん、いろいろな事が近づいていますかね？

「私は豊かだ！　私はいつだって豊かさに恵まれている」ですね！

ＭＫ様

常に健康で豊かな自分をイメージする

なんでも「楽しい時間」にしてしまう

私は、もともと「根が楽天的」な傾向が強かったのでしょうが、アメリカで生活している間にますますその傾向が強くなった気がします。今でも思い出すと思わず噴き出してしまうアメリカでの体験があるのですが、実は、私、アメリカ人と結婚したために、結婚式を日本で1回、アメリカで1回と、ご丁寧に2回もやっているのです。日本の教会で先に結婚式を挙げ、その後、アメリカに渡って再び教会で結婚式を挙げたのですが、そのアメリカの教会で結婚式の前日に起こった出来事です。

確か、日本の教会でも結婚式の前日だったかに教会に出向き、「誓いの言葉」の練習をしたとは思うのですが、厳《おごそ》かにやった記憶があったのです。「今度は英語バージョンでの誓いの言葉だし、ここはアメリカだからしっかりやらなきゃ！」と、どこか私は緊張気味でアメリカの教会での前日のリハーサルに臨みました。アメリカ人の神父さんも厳かに誓いの言葉を読み始めました。そして、元旦那のパートが終わり、私のパートが始まったとき……。

「汝は、この○○を夫とし、良きときも悪しきときも、富めるときも貧しきときも、病めるときも健やかなるときも、そして、この夫がハゲになったときも……」。緊張していたのですが、「ん？　何っ？　ハゲになったとき……？」と我が耳を疑い、思わず神父さんの顔を見上げると、神父さんがゲラゲラ笑っているのです。そして、「明日は、このハゲの部分は言わないから……」と。私も思わず大爆笑してしまいました。

まさか神父さんがこんなジョークを言うとは思ってもおらず、「アメリカ人ってホント面白いなぁ～！」と感動し、この神父さんが大好きになりました（笑）。でも、きっと私が緊張していたので、このときを「楽しい時間」にしてくださったのでしょう。

また、アメリカでのこんな体験もあります。アミューズメントパークに遊びにいったときのこと。ある乗り物にどうしても乗りたかったので並び始めたのですが、それはいつ順番が回ってくるとも知れぬほどの長蛇の列でした。「あ～あ、一体どれくらいかかるんだろう？」と、ため息交じりで待っていると、しばらくして、突然誰かが何かを歌い始めたのです。すると、それに合わせて列に並んでいた大勢の人が歌い始め、踊り始める人も出てきました。お陰で私はすっかり楽しくなってしまい、「そうか！　アメリカ人はこういうときも楽しんじゃうのね？　頭いい！」と感動したものです。

以来、私はそれまで以上になんでも楽しめるようになった気がします。

例えば、仕事を毎日「やっつけている」人も多いようですが、私はその後、大変な仕事でさえも一種「ゲーム感覚」でやるようになりました。「よしっ！　この仕事は5時までに絶対仕上げる！」と自分で決めて、「よ～いドン！」でスタートし、本当にそれが5時までに達成できたときには、「すご～い！　できちゃった！」と自分で自分を賞讃し、おまけに仕事帰りにご褒美まで買ってあげるとか……。

また家の中の日常的な掃除や雑事などのときにも、大好きな音楽を聴きながらノリノリになって掃除機をかけてみたり、トイレ掃除のときには歌を歌いながらやってみたり、「今日は何人の方に会えるかなぁ～？　よし目標10人！」と勝手に目標を立て、自治会費の徴収に回ったりしているのです。そして、たとえ小さなことでも、自分が「これをやる！」と決めてできたときや目標を達成したときには、もちろん自分を「偉い！　偉い！」と褒め、場合によってはまたご褒美を出します。

そう、**自分に対していっぱいご褒美をあげる癖をつけておくことも、人生なんでも楽しくするコツのような気がします。**高いご褒美をあげる必要は全然ないと思いますが、少量のお花やお気

に入りのケーキを買うとか、そんな程度でも十分嬉しくなりませんか？　私の場合は、大好きなアイスクリームとか、チョコレートとかをときどき買い置きしておいたりして、それを「ご褒美」として使ったりもしています。

多くの人は、仕事でも日常の雑事でも、「嫌だ、嫌だ！」と苦痛を味わいながら我慢してやるか、あるいは必死で頑張ろうとする傾向があるようですが、そんなことをしていてもちっとも楽しくないはずです。「どうしたら、なにごとも自分が楽しめるようになるのか？」一度じっくり考えをめぐらせてみてはいかがでしょうか？　ちょっとモノの見方を変えるだけで、なんでも面白いことに見えてくるものです。そして、**たとえ小さなことでも自分が決めたことができたときには自分を毎回褒めるようにし、また、ご褒美も頻繁にあげてみましょう。**なんなら、まず、ご褒美リストを先に作って、いっぱいご褒美を考えておくというのも楽しいかもしれませんね！

自分へのご褒美ひとつで、人生はとたんに面白くなる！

いつも「上手くいったこと」に目を向け喜ぶ

先日、テレビをつけたらまたまた面白い番組に遭遇しました。宝塚歌劇団のＯＧの人は、一般の人と比べると、高齢になってからの脳の活性化度合いが高い、との研究結果が出たというのです。その理由は、人生のポジティブな面に常に目を向けて、喜びを味わうことが習慣になっているからではないかとのことでした。そして、それを検証すべく、ある元宝塚歌劇団のトップスターの方の日常生活を追っていたのです。

すると、その元トップスターの方は、街の小さな洋服屋さんに飛び込み、舞台衣装になりそうなド派手なシルバーの洋服を発見し、４６００円という安い値段を聞いて「信じられない！」と大はしゃぎ。続いて手芸屋さんに行き、マグネットでくっつくようになっているネックレスの留め金を購入し、家に帰って自分のネックレスの留め金と付け替えを始めました。ペンチなどと格闘しながら無事留め金の付け替えが終わると「ばんざ〜い！」。

私はテレビを見ながらひとり噴き出していました。なぜって、「なんか、まるで私を見ているみたい！」と思ってしまったからです。実は、私の毎日の生活も、まるでこの方と同じようであり、たとえどんなに小さなことでも「上手くいったこと」ばかりにいつも目を向けていて、なにかを達成してはひとりで万歳三唱を繰り返したり、なにかを見つけては「すっご～い！」とか、「やった～！」とか、「キャ～ッ、素敵！」とか、「私って天才かも？」とか、いちいち大はしゃぎしているからです。

また、たとえなにかネガティブな結果が飛び込んできたとしても、「あらま！　なんかちょっと間違っちゃったのね？」とか、「ま、ときにはこんなことがあっても面白いかもね～」とか、「あら、やっちゃったわ！」程度のことで、深刻にとらえることはほとんどありません。そりゃそうですよね～、先にこの本の中で、市議会議員時代の議会での大失態のお話をしましたが、あのときでさえ「よかった～！　壇上で吐いてしまうという、それこそ前代未聞の最悪の事態は免れた～！」と、やっぱりポジティブなほうに目がいき、内心ひとり喜んでいたくらいなのですから……（笑）。

こういう「上手くいったこと」にばかり目を向け喜べる人は、いつもいつも「喜び」「楽しみ」というポジティブな思いばかりたくさん発信しています。そして、ここにいつも「引き寄せの法則」が働くわけですから、当然のことながら、こういう人にはまた次から次へとたくさんの「嬉しいこと」や「楽しいこと」が訪れるわけです。

さてさて、「引き寄せの法則」も知らない普通の人は、放っておくといつの間にか「ネガティブなものに目がいく癖」をすでに持ってしまっています。なにかの本で読んだことがあるのですが、アメリカの子どもたちについてのある研究結果によると、ティーンエイジャーになるまでに周りの大人から「賞讃される割合」と「非難される割合」は、なんと1対17だそうです。つまり、悲しいかな、人は圧倒的に「お前はどうしてできないんだ?」などと非難されながら育ってきてしまうのですね。

だからこそ、なにかの結果を見たときに、多くの人は知らず知らずのうちに「上手くいかなかったこと」ばかりに目を向けてしまうのでしょう。そして、大人になった自分には、周りでいちいち自分のことを非難する人はいなくなったハズなのに、今度は無意識に自分で自分のことをいつもいつも責めるようになるのです。「なにやってるの?」「なんでできないの?」と……。

こうしてまたひとり、いつもいつも「嫌な気分」に落ち込み、悶々とした思いをいっぱい発信しています。そして、残念ながら、ここにもまた「引き寄せの法則」は働いていますから、当然のことながら、「上手くいかなかったこと」ばかりに目を向けている人の人生にはまたネガティブなことばかりが引き寄せられてしまうわけです。そして、こういうみなさんは、往々にして問題をより深刻にとらえがちですから、しばらくの間、そこにはまり続けてしまうのです。

これからは、どんなに小さなことでも「上手くいったこと」にいちいち目を向けるように心がけましょう。そして、喜びや楽しみをどんどん発信するのです。「今日もお料理おいしくできたわね～！　すご～い！」とか、「片づけもちゃんとできたし、偉～い！」とか、「また素敵なもの見つけちゃった、キャッ！」とか、いつでもどこでもなんだっていいのですから……。

＊＊＊

水谷先生、ご無沙汰しております。お陰様で相変わらずワクワクな毎日を送っています（笑）。最近の報告をさせていただくと、まず失くした傘が戻ってきました。とてもお気に入りの傘だったのですが電車に忘れてしまい、今まで忘れた傘が戻ってきたためしがなかったので、「戻って喜んでいるところ」をビジュアライゼーションしました。そして、忘れ物センターに問い合わせてみたところ、届けられているとの事で、無事戻ってきました♪

もう一つは、チャージ式の電車のカード（？）を本屋さんで落としてしまい、それこそ本人確認なんて何もないし、拾った人が使う可能性もあったのですが、ビジュアライゼーションし、次の日カウンターに聞きにいったら、ちゃんとあったのです！　前回も失くしたことがあったのですが出てきませんでした。……が、今回はちゃんとありました～。

　これをたまたまって思う人もいるかもしれないですが、私はこれも宇宙さんがちゃんと手元に戻してくださったと思っています。そう信じてキャッキャ喜んでいると、テレビで見た美味しそうなポンズも届けてくれましたっ♪

　それはネットで取り寄せようとしたんですが、番組放送後注文が殺到し、発送が遅れているとのこと。どうしてもすぐに欲しかったので、ビジュアライゼーションしてすっかり忘れてしまっていました……。そして、仕事帰りに地下鉄に乗ろうと、何気なく百貨店の地下連絡口に進むため階段を下りたら……。飼い主を待つ犬のように（見えました！　私には〈笑〉）、目の前に置いてありました、ポンズちゃんが！　しかもテレビで見たものよりも夫婦二人分にちょうどいいサイズ♪

　宇宙さん、やってくれますね～！　……と、こんな感じで、ちょこちょこたくさん宇宙さんの恩恵を受けています☆

KT様

物事をよく観察し、洞察力を日々鍛えている

「引き寄せ」がすぐに上手くなるような人は、物事をよく観察し、「洞察力」を深めているのがわかります。日々、自分の周りで起きることに対して、「原因」と「結果」の関係を探すようになるので、ただ単純に物事の表面だけを見なくなるのです。

例えば、テレビでニュースを見ているだけでも、面白い出来事や悲しい事件の後の当事者や関係者のコメントを聞いていると、「まさに昨日こんなことを言っていたら、今日こんなことが起こった！」という話をよく耳にします。また、この本の中にも私がテレビで見た著名人の体験談などがありますが、こういう人の体験を聞いていると、その前にこの人がどんなことを考えていたのかもよく口にされているので、ここでも「原因」と「結果」の関係を探ることができます。

また、自分の周りの人が日々口にしている言葉とその後の出来事や、ネガティブな人がいつも問題に巻き込まれている現状も目の当たりにすることがありますよね。

特にスポーツ選手がよく口にしていますが、「まさにイメージ通りになった」とか、「何度も何度もこのシーンを思い描いていました」という言葉も耳にします。

面白いところでは、成功者や有名人の「お宅拝見」などの番組がありますが、私もときどき見ることがあります。インテリアを見るのが好きだからという理由もありますが、この本でもすでに書いたように、たいていそういう人の家は、すっきりしていて居心地がとてもよさそうで、当然のことながら「豊かさ」が随所から醸し出されていることが確認できるからです。また、映画を観ていても、音楽を聴いていても、「あれ？　これって『引き寄せ』のこと言ってない？　この作者、もしかしたら引き寄せの法則知ってるのかも？」なんて思うことは年中あります。

このように自分の周りをちょっと見渡すだけでも、洞察力を磨くにはもってこいの研究材料が山のようにあり、そこにはいつも「引き寄せの法則」が働いていることが理解でき、ますますこの法則の存在自体と正確さを実感できるようになるわけです。

一方、他の人は、すべての出来事に「原因」と「結果」があるなどとは夢にも思わないので、物事の表面だけを見て、ひたすら大騒ぎをするだけです。または、ただなにを見てもひたすらボ～ッとしているだけ……。これではあまりにももったいないですよね。こんなことばかりしているから、「自分で人生を思い通りにできる」とは、いつまで経っても信じられないわけです。そして、いつまで経っても人生がどんなふうに創り上げられていくかがわかるハズもありません。

それから、自分の洞察力をもっと磨くための取っておきの方法をご紹介しておきましょう。**あなたの両親を徹底的に観察することです。あなたのそれぞれの親の「口癖」、基本的にポジティブな考え方をする人だったのか、人生をどんなふうに見ていたか、どんなときにどんな行動をする人なのか……。**

こういうことを客観的にじっくり観察するのです。そして、「原因」と「結果」をそこに探してください。そうすると「はは～ん、こんなふうにいつも考えていたから、この人の人生はこういう感じになっていったのね」ということがよくわかるはずです。

また、家族を徹底的に観察するということは、「自分自身を知る」ということにもつながります。人は、本当は自分のことが一番わからないものです。でも、あなたの持っている「考え方の癖」は、ほぼ間違いなくあなたが育った家庭、つまり多くは父親か母親から来ているものです。自分はなかなか客観的には見られませんが、家族なら見ることができるでしょう。「良きにつけ悪しきにつけ」あなたの中には両親とそっくりな部分がたくさんあるのです。そして、そこで発見した「癖」を自分の中にも探し、いらないものはとっとと捨ててください。

このように、ただ毎日をボ～ッと過ごすのではなく、**これからは身の回りに起こる出来事の**

「原因」にひたすら着目するようにしましょう。洞察力がだんだん磨かれていくにつれて、あなたはきっと毎日毎日たくさんの発見をすることになるでしょう。そして、人生のしくみがますます理解でき、「引き寄せの法則」に対する信頼もドンドン深まっていくのです。

原因と結果を見つめ続けて、人生のしくみを理解する！

「好ましくない結果」からも常になにかを学んでいる

私の考えでは、本来「失敗」などというものはなく、あるのは「結果」だけなのですが、多くの人は、自分にとって「好ましくない結果」がもたらされるとすぐに失敗と決めつけ、ただひたすら落ち込んでいるだけの傾向にあります。「ビジュアライゼーション」についても同じこと。自分の望んだものが来なかったり、違う形となって表れたりすると、「私ってやっぱりダメなのかも?」と、すぐに自分を疑い始めるのです。

一方、「引き寄せ」がグングン上達するような人は、たとえ自分にとって「好ましくない結果」が目の前に現れてきたとしても、その経験も無駄にすることなく、常になにかを学ぼうとしています。それを次の機会に活かすためです。

次にご紹介するのは、今ではすっかり私のメル友になってしまった高校生のT君が送ってくれた体験談なのですが、彼がいつも「好ましくない結果」にもめげずに、自分の体験を振り返り、研究材料としていることが手に取るように感じられます。

＊＊＊

こんにちは、水谷先生！　Tです。1週間ほど前になりますが、僕は煎餅が好きで、ある日突然食べたくなりました。でも、「お金を出して買うのはなぁ……？」と思ったので、「引き寄せちゃえ！」と思い、ビジュアライゼーションしました。そのときに「海苔巻き煎餅を食べている自分」をイメージしました。

そうしたら2日後、実家からお菓子などが送られてきて、中を見たら煎餅が入っていました。でも、「なんで海苔巻き煎餅ではなくて、ただの煎餅なんだろう？」と考えていたら、そう言えば、海苔巻き煎餅を食べているイメージをする前に、アニメで普通の煎餅を食べているシーンがあり、それを見て「自分も食べているイメージ」をしたことを思い出しました。

だから、海苔巻きの前にこの普通の煎餅が来たと納得！！！

そのあと海苔巻き煎餅も無事に届きました。海苔つきのお煎餅は、母が上京の際、顔を出しに僕の部屋に来たときに持参してくれました。母は東北に住んでいるので滅多に東京に来られないのに、わざわざ持ってきてくれました。

イメージするのが苦手でも、アニメでやっていたシーンを自分に置き換えてやったから、すんなりできて嬉しかったです。またなにかあればご報告します。

T君

そして、次は、この後しばらくしてまたまたT君から届いたメールです。

＊＊＊

お久しぶりです。Tです。「引き寄せ」でちょっと笑える（?）失敗をしてしまいましたので、ご報告します。

実は、数ヵ月前から一人暮らしに憧れていました。現在は寮にいて、でも、寮生活より一人暮らしがしたくて……。それで、「引き寄せで一人暮らしをしてしまおう！」と思い、早速「引き寄せの法則」を使ってみました。

結果、親に聞いたら「お金かかるし……、今はダメ！」と言われました。そして、ちょっと悲しい思いもしつつ、原因を探っていたら、思い当たるフシが……。

ビジュアライゼーションの途中に、「でも、一人暮らしするのって初期費用が結構かかるなぁ～。引っ越し代に、契約金に、家具、家電と、その他いろいろお金かかるし……。お金ないからダメとか言われたらどうしよう?」と思ってしまっていました。

原因を見つけたときの嬉しさもありましたが、「やってしまった！」と悔しくなりました。

「どうしてこんなことを考えてしまったのだろう？」と思い、反省しました。
……ですが、このままでは良いはずはないので、次は今回の失敗を生かしてチャレンジしてみます！　成功談ではありませんが、自分でも気づけたことが多かったのでご報告させていただきました。

T君

どうです？　このT君、素晴らしいでしょう？「どうして海苔巻き煎餅じゃなかったのか？」とか、「どうして親に一人暮らししちゃダメと言われたのか？」とか、自分を一生懸命振り返って、ちゃんとその「原因」を探し出したり、熱心に研究したりしているのです。また、「アニメが自分のビジュアライゼーションの役に立つ」という、T君ならではの発見もお見事ですよね！

このようにたとえ自分にとって「好ましくない結果」が来たとしても、そこから学べることはたくさんあるものです。ただひたすら落ち込んでいるのではなく、この少年のようにこういう体験も積極的に活かして、再び果敢にチャレンジしていきましょう。

量や形にこだわるのではなく、質にこだわる

私が人生で最も重要だと思うこと、つまり「自分の頭で徹底的に考える」ということが、どうもみなさん苦手のような気がしてなりません。その結果、人生のあらゆる面において「なんでもいい」「適当でいい」という感じが、まさに至る所に表れているようで……。

その昔、結婚前に元旦那となるアメリカ人とつき合っていた頃、彼にこんなことを言われたことがあります。「日本人の女性の多くが、『あなたと一緒でいい』とメニューのひとつも決められないのに、あなたはアメリカ人の女性以上にはっきりしているよね」と。「えっ？　なんで他の人はこだわらないの？」と、逆に驚きました。

現代の日本の女性たちは、一昔前の日本の女性たちと比べると、もっとものを考え、はっきり意思表示ができるようになった気がしますし、当然、食事のメニューぐらいは自分でちゃんと選ぶようにはなったと思います。それでも多くの人は、単に量や形といったいわゆる「見た目」ば

かりにこだわっていて、「質」にこだわり、「質」を徹底的に大切にされる人にはなかなかお目に掛かれないものです。

たとえば、友人の誰かが「ねえ、韓国旅行に行かない？」と言い出したとします。すると、今まで韓国なんて自分の選択肢の中には浮かび上がっていなかったにもかかわらず、突然、「行く、行く～！」。また、たとえば友人が「この化粧品、すっごくいいのよ！　今なら半額よ」などと言おうものなら、それを使ったこともないのに、「えっ、半額？　買う、買う～！　３つ買うわ～」。

旅行に行くのが悪いとか、買い物をするのが悪いと言っているのではありません。旅行も買い物も、人生を彩る楽しみには違いありませんからね！　しかし、私がここで言いたいのは、多くの人が、目の前にある日突然やって来るお誘いなどに対して、「自分は本当にそれをやりたいのか？」とか、「本当にそれが好きなのか？」とか考えもせずに飛びつき、自分の人生の退屈さを解消したいがために、表面的な楽しみばかりを追い求める刹那的な生き方に知らず知らずのうちに陥ってしまっているということです。

「質を求める」という話の中で、旅行や買い物以上に気になるのが人間関係です。私は今まで多くの友人や知人に「こんな話、今まで誰ともしたことがない」と聞かされ、そのたびに驚かされてきましたが、私からすると「心の底からの思いを素直に語れ、そして互いに協力し合える」という関係を作っていくのは「当たり前のこと」だと思っていました。でも、実際には、夫婦や親子の関係でもコミュニケーションがまったく取れていなかったり、友人でも「数は多くいるけれど、化粧品や遊びの話ばかりで……」という浅い関係を何度も何度も見聞きしてきました。本当にもったいないことだと思います。

人間関係以上に私たちの人生に大きな喜びをもたらすものはありません。幸せに生きる人は、この深い人間関係を上手に築き上げているものです。表面的な関係をいくら寄せ集めたって、つまり、いくら友人が1000人いたところで、自分のありのままの姿をさらけ出せる人がいなかったとしたら、いつまで経っても心は渇いていることでしょう。

また、人間関係のことも含め、「質を求める」ということでさらに気になるのが「自分の人生そのものの質」についてです。多くの人は、「今さら何やっても無駄よね。私の人生なんて所詮こんなもんよ」とばかりに人生を早々に諦めてしまい、昨日も今日もほとんど変わらない退屈な人生を送ってしまいます。だからこそ、美味しい食べ物だの旅行だのといった「目先のことだけ」に楽しみを見出そうとしてしまうのですけどね……。

また、「安定」が「安心」をもたらすものだと信じ込んでいるので、どんなに今の人生がつまらなくても、どんなに今の仕事が嫌でも、「変化を起こすよりはマシ！」とばかりに必死にしがみついてしまいます。そして、さらに悪いことには、自分の人生もつまらないのに、自分の子どもたちにまで同じように生きることを押しつけ……。

これからは、もっと自分の頭で真剣にいろいろなことを考え、「自分の人生の質」を本当に大切にし、もっともっと積極的にこだわっていただきたいのです。人生は毎日毎日あなたがくだす大なり小なりの「決断」の積み重ねです。なにごとに対しても「なんでもいい」「適当でいい」「どこでもいい」などと言って済まさず、心の底から自分が「これをやったら本当に幸せだ！」と思えるようなことをできるだけ選択していきましょう。

あなたの人生は「自分が決めたこと」の積み重ね

自分で自分自身の「チアリーダー」になる！

多くの人が、ちょっとしたことで落ち込み、さらに悪いことにはそこから這い上がってくる術をなにも持っていないため、長い間（ときには数ヵ月間も）ひたすら落ち込みにはまり続け、その間、ただひたすらにネガティブな思いや感情を出し続けています。そして、このようなネガティブな思考がさらに好ましくない出来事を引き寄せてしまうのはすでにご承知の通りです。

一方、基本的に楽観主義の人でも、「人生で一度も落ち込んだことはない」とか、「もうまったく落ち込まない」ということはないと思いますが、そういう人が他の人と違っているのは、「そんなネガティブな機会も有効的に使っている」ということです。私も今までの人生の中で当然落ち込んだことも幾度となくありましたが、そんなときには「どうしたらこの気分を変えられるだろうか？」とか、「どう考えたら、また明るい未来が描けるようになるだろうか？」とか、いろいろ「あの手この手」を探したものです。

私の場合、トコトン落ち込んだときに最も有効だったのは、「本」でした。成功者の伝記や体験談を読みあさったり、自分を鼓舞してくれるような自己啓発関連の本を片っ端から読みまくり、「そうよ！　こんな人だって大変な時期もあったのよね？　私もこんなちっぽけなことで落ち込んでる暇はないわ！」とか、「こんなに頑張ってる人が大勢いるんだから、私にだってもっとできるハズよ！」と、何度も何度も勇気を奮い立たせたものです。

また、そんな本の中から自分がハッとするような言葉や感動した言葉を見つけては、ノートに書き留めたり、パソコンの中に保存しておいたりもします。そして、また気分が落ち込んだりしたときに、たとえ本を読む時間がなかったとしても、そんな素敵な言葉たちをパッと見ては「そうだ！　そうだった〜！」と元気をもらったりしています。

本だけではありません。音楽だって見事に気分を変えてくれますよね？　みなさんもきっとこんな経験がおありになることと思いますが、例えば映画『ロッキー』の中の『ロッキーのテーマ』が、どこかから偶然耳に入ってきたときには、なぜかお腹の底から突然エネルギーが湧いてきて「よし！　やるぞ！」という気持ちになりませんか？　また、逆に（私も一時期はまりましたが）韓国ドラマ『冬のソナタ』のテーマ曲が偶然聞こえてきて、サビの部分「チャララ〜ン」と聞いただけで、なんだか心がド〜ッと切なく苦しくなって気分が落ち込んだ経験はありませんか？
「ちょっと元気が欲しいなぁ」と思ったときには、このように音楽を聴くという手もありますよね。私は自分がノリノリになれる曲、または心が落ち着く曲、豊かさを感じられる曲、それぞれがどんな曲なのかちゃんと把握していますので、気分に応じて曲を選択しています。また、たとえ音楽を聴ける状況が周りになくても、お気に入りの曲はすでに頭の中にこびりついているハズですから、先ほどの『ロッキーのテーマ』ではありませんが、自分を奮い立たせたいようなときにはその曲を頭の中で再生してあげればいいのです。すると、突然ノリノリですよね！（笑）。

これ以外にも私の場合は、イライラしたり、落ち込んだり、気分転換したいようなときには、ゴルフの打ちっぱなしに出かけるとか、お花屋さんに飛び込むとか、ショッピングに出かけるとか、掃除を突然始めるとか、チョコレートやプリンを食べるとか、いろいろ自分を鼓舞する手段がわかっています。だからこそ、さっさとそんな状態から抜け出すことができ、またいつものように「気分のいい」状態に簡単に戻ることができるわけです。

みなさんも今度落ち込んだときには、ただひたすら落ち込んでいるだけではなく、こういう機会もチャンスととらえ、「自分はどうしたらここから出やすくなるのだろう？」と、思いつくことをいろいろ試してみてください。そして、自分に合うやり方をできるだけたくさん見つけておきましょう。

ともすれば多くの人は、自分が落ち込んだときに、それに拍車をかけるように自分を責め立て、「どうしてこんなことができないの？」「どうせ私なんて、なにをやっても無理なのよ！」と、自分自身を最大の敵にしてしまうようですが、**幸せに成功していく人は、敵ではなく「自分にとって最高のチアリーダー」を心の中に住まわせているようなものなのです。このチアリーダーは、自分がどうやったら立ち直れるかも知っており、いつも「キャ〜ッ！　頑張って〜！」と応援してくれています。**私の場合は、私の心のイメージの中で、もうひとりの私がポンポンを振り回してキャーキャー応援してくれるところを描きます。このイメージを描くだけでも面白くて笑っちゃって元気になりますから、ぜひ使ってみてくださいね。

自分を鼓舞する手段を一つでも多く持っておこう！

人生の中で日々いっぱい感動している！

幸せに生きている人は、間違いなく日々たくさんの感動を味わっているものです。花を見てはその見事なまでの完璧さや美しさに感動し、星や月を眺めては宇宙の秩序や広大さに胸を打たれ、また人間の優しさ、強さ、そして無限の可能性に様々な形で接しては心を揺さぶられるものです。

私も長年生きている間に、数限りないほど感動し続けてきました。記憶に残る最も古い強烈な感動体験は、小学校3年生の頃の思い出です。父親が造船関係の仕事をしていたために船の進水式のパーティに両親と共に出席しました。船のオーナーだったイギリスの方に花束を贈呈する役目を私がやったのですが、翌日、そのオーナーから「昨日のお礼に……」と数十本もの真っ赤なバラの花束が子どもの私宛に届いたのです。「外国の人ってなんて素敵なんだろう！」と、ひっくり返るほど感動したのを覚えています。

以来、小学校のハンドベースボール大会で優勝したとき、中学校のバスケットボール部で県大会出場が決まった瞬間、ハワイで美し過ぎるサンセットを見つめていたとき、初めての「引き寄せ」で3つも大きな奇跡が叶ってアメリカに降り立ったとき、ペルーで念願のナスカの地上絵やマチュピチュをこの目で見たとき、アメリカの大学の念願の学部への進学決定の通知を受け取ったとき、その大学で教授の方々に助けていただいたとき、初めて地平線上にくっきり浮かぶ半円形の虹を目撃した時、参議院議員会館に初めて足を踏み入れたとき、市議会議員の選挙で初当選が決まったとき、初めての本を出版したときなど……ざっと振り返ってみただけでもキリがありません。ましてや日々の小さな感動体験まで入れたら、一体今までの人生でどれほど感動しまくってきたことか……。

自分の実体験に伴う感動に勝るものはないとは思いますが、素晴らしい映画や本に出会ったときにも思いっきり感動することがありますよね。なかでも忘れられないのが、今から20年くらい前に観た映画『ガンジー』のワンシーンです。この映画はマハトマ・ガンジーの生涯を描いた映画だったのですが、その中で同じインドの国民でありながら、イスラム教徒とヒンズー教徒が戦う場面がありました。その戦いで我が子を殺され怒り狂い、復讐心に燃えるあるヒンズー教徒にガンジーはこんな言葉をかけたのです。「あなたが子どもを失ったように、イスラム教徒の人々の中には、この戦いで親を失った子どもたちがいるはずだ。お願いだから、そんな子どもたちを探し出して自分の子どもとして育ててほしい」と……。

このガンジーの放った言葉の凄さと深さに心を圧倒され、私は嗚咽《おえつ》が出るほどひたすら泣きじゃくりました。確か、そこは友人のアパートで、友人と一緒にビデオでこれを観ていた記憶があるのですが……。

また、なにかの本を読んでいたときに目にしたストーリーなのですが、まだ10代の息子をピストルで殺害されたアメリカ人の母親が、さんざん悲しみ、苦しんだ挙げ句に、その事件の裁判後に息子を殺した息子の同級生の少年に会うことを許されました。しかし、彼女はその殺人犯の少年を責めるどころか心から許し、彼を抱き寄せたというものでした。このときも涙をとめどなく流しましたが、こういうあまりに感動的な話は一生忘れることはないでしょう。

このように人生の中では日々たくさんの「感動」に出会い、またそれらの「感動」が人生に活き活きとした彩りや深さを与えてくれるものですが、残念ながら、なかにはあまり感動を味わえない人も少なからずいるようです。自分自身の感情をブロックしてしまっている人に多いのですが、いつも物事を冷めた目で見ているか、斜に構えて見ているか……。一言で言わせていただくと、「頭がいつも邪魔をしてしまっている」方々です。

心をあまり頑なにせず、また頭でいちいち「ああだ、こうだ！」と考えるのではなく、ただただ素直になにごとも感じてみましょう。そして、小泉元総理ではありませんが、感動したことには「感動した！」と言える人になりたいですよね。しかもみなさん、もう言わなくっても十分おわかりでしょうけれど、**いつもいっぱい感動するような人は、またまた感動したくなるような素敵なことを自然に次々と引き寄せるのですからね！**

「素直な感動！」がさらなる感動を引き寄せる！

シンプルで居心地のいい空間で自分を取り囲んでいる

人生が上手くいっている人は、シンプルで居心地のいい空間で自分を囲んでいるものです。先にもチラッと書きましたが、テレビをつけた瞬間に「有名人のお宅拝見」のような番組をやっているときがあり、思わず見てしまうことがあるのですが、「テレビの取材が入るから」という理由は多少あるにしても、有名人のお宅は概してホテルのスイートルームのようにシンプルで、モノが少なく、また当然のことながら明るく美しく保たれているものです。

昔、かなり重い病気にかかってしまった友人や知人をヘルプするために、そのお宅にお邪魔したことがあります。大変失礼ながら、その方々の部屋に足を一歩踏み入れて、まず私が思ってしまったのは、「非常に圧迫感を感じる」ということでした。床から天井までと言っても過言ではないくらい、モノがそこら中にあふれ出していてゴチャゴチャ……。しかも空間がほとんどなく、そこら辺に適当に座ってと言われても「一体どこに……?」という感じだったのです。

ときどき、「あんまり綺麗な家は居心地が悪い」などと、自分の掃除下手を棚に上げて屁理屈を言う人もいますが、趣味の違いは人それぞれだとしても、基本的に人は明るくて美しくて、居心地のいい場所のほうが気持ちいいに決まっています。これが「あまり気持ちよくない」とすれば、あなたは相当自分の価値を自分で勝手に下げてしまっているということです。つまり、「私は、美しく綺麗な家には相応しくない。私は、汚くてゴチャゴチャした家が相応しいんだわ」と自分で無意識に思い込んでいるということです。そう、自分の身の回りをいつも心地よく、美しく、シンプルに保っておいたほうが良い最大の理由はこれなのです。

また、あなたは自分が毎日目にする空間からいつもなにかを感じ、それに反応してまたなにかを発信しています。つまり、自分が心から「気持ちいい！」と思えるような家に住んでいる人は、いつもいつも無意識に「気持ちいい！」をたくさん出していますし、そうでない家に住んでいる人は、いつもいつも「あ～、汚い家！」とか、「まったくいつになったら片づくのかしら……」とか、無意識にいっぱい変なものを出しちゃってると思いますよ。

それからね、私はいつも思うのですが、**自分の身の回りの目に見える空間も居心地よくできないでいる人が、人生を思いのままにコントロールするのはちょっと難しいかもしれません。**だって、自分の周りの目に見える「要らないモノ」を捨てられなかったり、目に見えるところも明るく美しく保てない人が、「思考や感情」といった目に見えないものを捨てたり片づけたりするのはもっと難しいでしょうから……。

当然、世の中には目に見える部屋や家をとても綺麗にされている人もたくさんいて、そういう人のすべてが「思考や感情」のお片づけができているのかというと、残念ながら、みんながみんなそうだというわけではありません。でも、「目に見えるモノの片づけは出来ないけど、心の中はバッチリ片づいてます」というような方には、私は未だかつてひとりもお会いしたことはありません。

あなたには「シンプルで居心地がよく、明るく美しい場所が相応しい」のですから、これからはもう少しご自身の身の回りの空間にも気を遣うようにしましょう。まずは毎日目に入る家の中をできるだけ居心地よく整えていってください。そしてときには素敵なお花も飾りましょう！いくら綺麗なお花でも、汚れた家にはあまり似合うとは思いませんが、明るく美しいお宅にはきっと素晴らしく映えることでしょう。そして、ますます「いい気分」を毎日いっぱい発信してくださいね。

好奇心が旺盛で新しい発見や「初体験」が大好き

小さな子どもって、本当になんにでも好奇心を示しますよね？「蟻んこ」のような生き物にさえ強烈な関心を示し、いつまで経ってもしゃがみこんだまま飽きずにジ～ッと眺めていたりするものです。

でも、私たちは大人になるにつれて、知らず知らずのうちに「すでにもうなんでも知っている」というような錯覚に陥ってしまうのでしょうか？　だんだんこの好奇心が萎えていってしまうような気がしてなりません。そして、「初体験」のことに対しても、「私はもういいわ」とか、「面倒くさいから結構」とか、興味を示さなくなっていくようです。

幸せに生きている人をよ～く観察していると、いくつになってもこの「好奇心」が非常に旺盛なのがよくわかります。そう、まるで小さな子どものように……。「人生まだまだ知らないことがいっぱいある！」と考えていて、たとえそれがどんなに小さなことであろうと、自分の知らないことを知るということ、自分がまだ体験していないことを体験するということが面白くってたまらないのです。

つまり、「好奇心」というアンテナを張りめぐらせて「自分のワクワク」をいつも探しているわけです。だからこそ面白いことを日々たくさん発見し、「いや～、人生って本当に面白いことがいっぱいあるよね～」と、人知れず毎日を大いに楽しんでいるのです。

本当にささやかなことですが、先日もまた私にとっての「人生初体験」の出来事がありました。「スカイプ」というインターネットを利用したコンピュータ同士の無料電話のようなものを始めてみたのです。しかも、初の通話先は日本国内ではなくアメリカ！　マイク付きのイヤフォンを生まれて初めてつけた私は、まるで自分がテレフォンアポインターになったかのように感じ、それだけでもう嬉しくてワクワクしてしまいました。

そして、実際にサンフランシスコ在住の方とお話しできちゃったわけです。ビックリして感動しちゃいました！　だって、私がアメリカに住んでいた約20年前には、毎月国際電話の高い料金を気にしながら日本に電話をかけていたのですから……。「んまぁ～！　本当にすごいわ！　時代は刻々と移り変わっていくのね」と感じました。そして、通話が終わってからひとしきり「すご～い！　すっご～い！！！」と、またひとりで大はしゃぎしました。

今は本当に便利な世の中となりました。昔だったら、「これなんだろう?」と疑問に思ったり、興味が湧いたりしたことを調べるのにはずいぶん時間がかかって大変でしたが、インターネットを使えば、なんでもあっという間に調べられますものね。そして、ますます興味が湧いてきたものについてはドンドン深く調べていけば、家にいながらどんな情報だって手に入るのですから……。「知らないことを知る」ということは本当に楽しいことだと思います。

また、自分の好奇心を非常にかき立てられ、「これやってみたいなぁ〜」と思うことがあれば、やれるものからぜひやってみましょう。私にも自分の「やりたいことリスト」には挙がっているのに、まだ未体験なものがいくつもあります。「イルカと一緒に泳ぐこと」「エジプトのピラミッドに登ること」「パラセイリングに挑戦すること」「オーロラを見ること」などなど……。こんなことを考えているだけでもワクワクしてくるのですから、実際に体験したらどんなに素晴らしいことだろうかと思います。

いつもあなたの「好奇心」を全開にしていてください。そして、人生の中でワクワクできることを日々たくさん探しましょう。そして、「初体験」のことにももっともっと挑戦してみてください。こういう「ワクワク」や「ドキドキ」が、あなたの人生をさらに活き活きと楽しいものにしてくれるハズです。そして、**この「ワクワク」や「ドキドキ」を感じているあなたからは、明**

るくポジティブな思いがバンバン発信されていて、さらなる楽しみや喜びをあなたの人生に引き寄せてくれることになるからです。

いつだって、「ワクワク」が原動力!

「好きなこと」をして生きる！

もうずいぶん昔、まだミズーリ大学のジャーナリズム学部に在籍していたとき、ある教授が授業中に何気なくこんなことを言いました。「僕はね、自分が読みたい本がなければ、自分が読みたいと思うような本を自分で書きます」と……。「はっ？　なんですって？」ビックリした私の背中に一瞬電気が走ったような気がしました。「一体この発想はなに？　読みたい本がなければ自分で書く……？　う〜ん、あまりにもすご過ぎる」

「好きなことをして生きる」という人生をまだ歩み出したばかりの私には、「好きなことをして生きる達人」「徹底的に『自分の好き』を追求している先輩」からの「人生のヒント」を思わぬ形で聞いてしまったかのように思えたのです。「そうか！　たとえ自分の好きなものが周りに存在していないときにだって、文句なんか言ってないで、さっさと自分の中からなんでも創り上げちゃえってことよね！」

お陰様でこの教授の言葉が「好きなことをして生きる」という私の人生にますます拍車をかけ、「『それ』がないときは自分で生み出せ！」がすっかり自分のモットーとなってしまい、以前にも増して次から次へと好きなことを追求できる楽しい人生となりました。着たいデザインのニットが見つからないときは「自分でデザインして編む」、観たい映画の上映をやっていなければ「自分で映画の上映会を開く」、挙げ句の果てには自分好みの革製品が見当たらなかったときには、革の問屋さんにまで行って好きな革を買いこんで「自分でデザインして製作」したこともあります。

こうして「好きなことばかり」を追求して生きていると、「好きでないことをやっている自分」が考えられなくなってくるのです。こうなってくると、「仕事」という一日のうちの半分以上の時間を占めているものに対しても、至極当然のことながら「大好きなこと」を選びます。

また、こういう人は、「大好きなことをやっているからこそ豊かになれる」と考えています。だって、「どんなときに一番自分のパワーが発揮できるのか」がわかりますからね。大好きだからこそ、夢中になってやれる自分を知っているのです。また、仕事を含め、基本的に「好きなこと」だけやっているので、こういう人々にはストレスがほとんどありません。

一方で、残念ながら多くの人は「生活のためにあまり好きではない仕事」に就いています。そもそも「自分が本当はなにを一番やりたいのか?」という肝心な問題が解決できていないということもあるのですが……。そして、「やりたくもないこと」をしているので、当然のことながら日々ストレスをいっぱい感じてしまい、愚痴ばかりが口を衝いて出てきます。そして、「こんな仕事、できるものなら辞めたい！」といつも思いながらも、自信のなさと、危険を冒す怖さから身動きがとれずにいるのです。

つまり、「自分の好きなことをして幸せに生きている人々」とその他の人々は、物事を判断する「ものさし」が違うのです。前者が、「好きか、嫌いか」「やりたいか、やりたくないか」「自分にとって気持ちのいいことか、気持ちのよくないことか」という基準でなんでも選ぶのに対し、後者はそんなことよりも「損得勘定」に傾いてしまうようです。「こっちのほうが安いから」とか、「文句があってもこの会社にいたほうが転職という危険を冒すよりまだマシだから」とか……。特に「経済的な安心感」が基準になってしまうようです。

でもね、悲しいかなこんなことをいつまでも続けていても、決して幸せがあなたに訪れることはありません。だって人の幸せは、心の中でしか感じられないものだからです。いつも自分の好きなことをしている人の心の中からは、いつも「嬉しい！」「楽しい！」が出ています。そして、この気持ちが幸せな出来事を引き寄せているのです。

いつも自分の好きでないことをしている人からは、いつも「嫌だ、嫌だ！」が出ています。そして、これがまた一層ネガティブなことを引き寄せてしまうのです。つまり、基本的に好きなことをやっていないと、いつまで経っても「悪循環」から抜け出すことができないのです。

もっと幸せに生きるために、これからは「好きか、嫌いか」「やりたいか、やりたくないか」「それは気持ちいいことか、そうでないか」ということをあなたの価値判断の基準にしてみてください。そして、小さなことからで構いませんから、少しずつ自分が「好きだなぁ」と感じることや「一度やってみたいなぁ」と思うことをやってみましょう。そのとき、自分がどんなに嬉しいか、どんなに楽しいか、自分にちゃんと感じさせてあげてください。そして、一歩一歩「好きなことをして生きる」人生に近づき、人生を謳歌していきましょう。

「嬉しい！」「楽しい！」を自分の「ものさし」にして生きる

Chapter4

自分プロデュースで引き寄せる

「悲劇のヒロイン」ではなく、「喜劇のヒロイン」を目指している！

「引き寄せの法則」を深く理解している人は、いつも自分を客観視しています。いってみれば、舞台監督になったつもりで、自分が主役の作品を観客席からじ〜っと眺めているって感じですかね。

そして、舞台の上の主人公の自分が成功しても笑うし、好ましくない結果を招いたときにも笑うのです。なんでそんなときにも笑えるのかって？　そりゃ、笑えますよ！　だって、監督は、客観的に見ていて、主人公が勝手に間違った思考や感情を出しちゃったからこそ、自分で変な結果を引き寄せたんだということを知っているわけで……。それなのに、舞台の上の自分は、ひたすら苦しんだり悲しんだりしてもがいているわけでしょ？　「あいつ何やっているんだ？　これを自業自得と呼ばずしてなんと呼ぶ？　まるでギャグだなぁ」って思ったら可笑しくなるでしょう？　そして、監督は舞台の上の主人公の自分にこう言い聞かせるのです。「原因を変えなさい、原因を……！」

そう、「引き寄せの法則」を本当に理解できるようになると、自分の人生に起こる出来事が、なんでも自作自演の「ギャグ」に見えてくるのです。だからこそ、人生がますます楽しくなります。もし、まだ自分の人生が「ギャグ」に見えないとすれば、まだ「引き寄せの法則」を深くは理解できていないということ。

このように「引き寄せの法則」を深く理解し始めた人が、自然に「喜劇のヒロイン」を目指すようになる一方で、多くのみなさんは、ご自身をいつも「悲劇のヒロイン」に仕立て上げています。そもそも「引き寄せの法則」を理解していない人は、いつも「被害者意識」を抱えています。自分自身の内に人生を思うがままに創り上げることができる素晴らしい「創造力」があることを知らないので、「どうせ私の人生なんて、上手くいきっこないのよ！」と信じ込み、なにか問題が起こったら起こったで、原因は自分だったなどとは微塵も思わないし、自分でそれをまた変えられるとも思わないため、「あの人が悪いのよ！」「社会のせいよ！」と嘆くばかりです。

また、「悲劇のヒロイン型」の人は、自分の中に「監督不在」のことが多いので、自分を客観的に見ることができません。いつも舞台に上がっている「主役」の自分だけしかいないのです。このために、好ましくない結果になろうものならひたすら深刻になってしまい、決して自分を笑うことなどできないのです。

友人のセミナーで私が特別講師として講演したときのことです。私はいつも早口なのですが、講演などで自分が「乗ってくる」と、ますます早口になってしまいます。その日も乗りが早く、自分で喋りながら「ん？　なんだか口の早さに体がついてきてないな？」と思った次の瞬間でした。私の持っていたマイクから「ゴッツ～ン！」とすさまじい音が……。

そう、私は自分の顔にマイクを思いきりぶつけていたのでした。会場からは割れんばかりの笑い声が……！　そのとき、本当は私自身が噴き出したかったのですが、人様のセミナー会場だったので、なるべく平静を装って講演を続けました。すると、その聴衆の中に「私のその瞬間」から私の講演の最後まで、笑いの止まらなくなった方がいらして、ず～っとず～っと笑い続けていらっしゃるのです。まるでいつもの私のような方だったので、私の目の端に入ってくるたびに、私もまた噴き出しそうになり、必死で笑いをこらえながら講演をやり切ったことを覚えています。そして、私は未だにそのときの自分のズッコケた場面をたびたび思い出しては、ひとりゲラゲラ笑っているのです。

少し前にこんなＣＭがテレビで流れていたのをご存じですか？　ある目薬のＣＭで、サラリーマンに扮した男優さんが仕事中にひとりごとを言うのです。「なんで目がショボショボするんだろう……？　自分がショボいから……？　……ま、そりゃないな！　ハッハッハ！　なっ！　ないな！」

何度見てもこのＣＭには笑わされました。こんなふうにぜひ自分のことを笑い飛ばせるようになりたいものですよね。「悲劇のヒロイン」としての人生より、「喜劇のヒロイン」としての人生のほうが絶対面白いに決まってます！

＊＊＊

水谷先生、今日は笑える引き寄せの話を聞いてください。

仕事でたくさんのボトルにお水をくんでいて、「これ、ボトル倒したら大惨事になるなあ？」と、うっかり倒して水浸しになったところを想像してしまって、「しまった、想像しちゃった！引き寄せてしまわないよね……⁉」と思った瞬間倒してしまいました（笑）。

想像通りの大惨事でしたが、面白すぎて大笑いしてしまいました。マイナスな想像はしてはいけませんね～。痛感しました。

ＴＮ様

いくつになっても遅くない

今から十数年前、戦後の日本で初の女性代議士となった、今は亡き加藤静枝さんの満１００歳時の講演を聴きにいったことがあります。そのときに私が受けた衝撃と感動は決して忘れることがありません。

それまでの私の印象としては、１００歳と聞くと、大変失礼ながら「ヨボヨボのお婆ちゃま」というイメージだったのですが、壇上に登場した１００歳の加藤静枝さんは、車椅子こそ使用していたものの、頭のてっぺんから足の先までそれはそれは凛とした美しさが漂い、また本当にセンスが良くお洒落で、とても「お婆ちゃま」などとは呼べない雰囲気を醸し出されていました。しかも、シャキッとした話し方や話の内容も年齢的な衰えなどまったく感じさせない素晴らしいものだったのです。

このとき、私は驚きや興奮と共に、人間の持つ「無限の可能性」を加藤静枝さんの中に垣間見ていたのです。「私もこんな素敵な100歳に絶対になろう！」と心の底から思ったのと同時に、素晴らしいお手本を見つけた喜びと感動で胸がいっぱいになりました。

広い世界を見渡してみると、この人間の持つ「無限の可能性」を自らお手本となって見せてくださっている人がたくさんいます。そして「いくつになっても遅過ぎるということなんて絶対にないんだ！」ということを、まるで自らの人生で体現し、証明してくださっているような人が……。

アメリカ人なら誰でも知っているアンナ・メアリー・ロバートソン・モーゼス、通称グランマ・モーゼス（モーゼスおばあちゃん）という画家（故人）がいます。農業を営んでいた彼女が娘さんの助言で絵を描き始め、本格的に絵筆を握ったのは実に75歳の頃だったと言われています。そして、80歳で初めての個展を開き、その後101歳で亡くなるまで制作を続け、1600点もの作品を残したのです。

日本でも数年前に詩人の柴田トヨさんが有名になりましたよね。柴田さんも90歳代になってから詩作を始められ、98歳のときに息子さんのすすめで出版されたようですが、柴田さんの詩だけではなく、生き方そのものが、多くの日本人に夢や希望を与え続けてくださっていることはいうまでもありません。

40代の半ばくらいに突入すると、多くの人がまるで「人生諦めモード」に入ってしまうかのようにお見受けします。30代のみなさんでも「もう年齢が年齢ですし……」などと口に出されるのを見ると、本当に驚愕してしまいます。また、肉体的なことではなく、「ビジュアライゼーション」という創造力を使うことに関しても、ときどき「もうこんな年ですからね〜」などと言う人がいますが、グランマ・モーゼスや柴田トヨさんの創作活動の原点は「創造力」であり、創造力はいくつになっても衰えることがないことがご理解いただけると思います。

幸せに生きている人は、常に「いくつになっても遅くない」ということを自覚していて、決して「もうこんな年だから……」などと言い訳することがありません。そして、いくつになっても自分の中の「創造力」を開花させ続けていくのです。私は平櫛田中という日本の彫刻家（この方も107歳とご長命でした）の言葉が大好きで、ときどき思い出しては笑ったり励みにしたりしています。

「六十、七十は洟垂《はなた》れ小僧。男ざかりは百から百から。わしもこれからこれから」

私はまだ鼻たれ小僧の年齢にもなっていないのですが（笑）、鼻たれ小僧の域にはすでに達していらっしゃる私の中学時代の恩師（72歳、男性）が寄せてくれた引き寄せの体験談をご紹介しましょう。「創造力」はいくつになってもその力を伸び伸びと発揮してくれるということを決して忘れないでくださいね。

＊＊＊

２０１２年がスタートしました。明けましておめでとうと言っておられない世の中ですが、前向きに生きていきたいと思います。

昨日、30年近く会ってない教え子から一枚の年賀はがきが届きました。住所は書いてなく、○○生命の△△と名字と携帯電話の番号だけが書かれていたのです。……が、この教え子には何年もず～っと「会いたい」と思っていて、引き寄せを試みていたものですから、「ピン！」と来るものがあったので、はがきに書いてあった携帯電話の番号に電話を入れました。

やりました！　引き寄せたのです。向こうも私に連絡したかったそうですが、何年も躊躇したと言っていました。実は、「今年の年賀状には、思わぬ人からのものが交じっているのでは？」という思いがあり、元旦に届いたすべてを注意深く調べたのですが、そのようなものが見つからなかったので諦めていた翌日のことだったので、跳び上がりたい気持ちでした。

年の初めからこんな気持ちになれたのも、昨年からの君の2冊の引き寄せの本のお陰です。ありがとう。少しでも早く知らせたいと、長いメールを送りました。今年もよろしくお願いします。

K・I様

いくつになっても、私の人生は「まだまだこれから！」

「人間って本当に素晴らしい！」と思っている

いつだったか、インターネットで面白い映像サイトを発見しました。コカ・コーラ社が仕掛けた「海外版ドッキリカメラ」みたいなものだったのですが、ポルトガルのあるサッカーチームのショップ内の床にお財布を落としておくのです。そして、お財布の中には、ライバルチームの翌日の試合チケットを入れておきます（これでお財布を拾った人は、このお財布の持ち主がライバルチームのサポーターだと知るわけです）。お財布を拾った人は、果たしてサポーターの垣根を越えて、善意でそのお財布を届けるのかどうかを隠しカメラを設置して見るというものでした。

その結果、なんと95パーセントが、ちゃんと善意をもってショップに拾ったお財布を届けにきたのです。この「善意の人々」は、突然大勢の仕掛人たちからの拍手をもって出迎えられ、翌日の試合のチケットをプレゼントされました。そして、映像の最後にこんな言葉が流れたのです。

「より良い世界を信じるのには、ちゃんと理由があるんだ」と……。

たった1分半ほどの映像だったのですが、私は感動のあまりに涙を流しました。「本当に人間ってなんて素晴らしいんだろう!」と思ったからです。同じような経験を多くの人が先の東日本大震災のときに経験したことと思います。Twitterで世界各国の人々から続々と届く「頑張れ、日本!」「君たちはひとりじゃない」という励ましの言葉の数々。あの頃、こんな励ましのメッセージを目にしては、私はどれだけ人間の素晴らしさに感動し、涙をとめどなく流し続けたかしれません。

幸せに生きる人々は、人間の持つ「絶対善」を信じています。つまり、多少はおかしなときもあるかもしれないけれど、根本的には「人は善に決まっている」と思っているのです。だからこそ、「人間が本当に大好き」で、「人間の素晴らしさ」をたくさん感じているのです。そして、そんな大好きな他者にも励ましや賞讃など、愛情を送りたくなってしまうのです。

一方で、あまり幸せでない人は、どうやら根本的に「性悪説」、つまり「人は根本的に悪である」と信じてしまっているようです。だからこそ、人の善意はあまり目に入らず、人の悪意やずるさにばかり目が行ってしまい、ますますその信念ばかりを深めることになってしまっています。

ある日、コーチングを行っていたときのことです。私がクライアントの方に「人間は根本的に善ですから……」と言うと、彼女は「えっ？」とおっしゃったまま絶句してしまいました。そして、「今まで私の周りの誰からもそんな言葉を聞いたことがありません。だから、私は人間は根本的に悪だと思っていましたし、周りの人たちを見ても『そうだ』と思っていました」とおっしゃったのです。ひっくり返りそうになったのは私のほうです。だって、生まれてこの方、「人間の根本は善だ」ということを一度も疑ったことはなかったのですから、「聞いたことがない」などという言葉は予想外でした。

でも、他人の悪をいつも探している人は、悲しいかな、自分の中の悪やネガティブな部分にもいつも目を向けてしまい、自分を責め続けてしまいます。そして、当然のことながら他人をいつも疑ってしまうので、心から他人を信用することができず、また実は自分自身のことも信用することができないのです。そのクライアントの方も「私には、心を開いて語り合える友人などいません」とおっしゃっていました。そして、ここが厄介なところですが、「人間は悪だ」と根本的に思い込んでいるために、「引き寄せの法則」によってそういう人ばかりを自分の周りに引き寄せてしまうのです。

最初に「お財布を届けた95パーセントの人」の話をしましたが、私が思うには、同じような実験を何度やってみても同じような結果になると思います。つまり、およそ95パーセントの人は

「善意の人々」だろうということです。幸せに生きる人は、この95パーセントの人にいつも注目し「人間ってなんて素晴らしいんだろう」と思っているのです。

日々、しっかり目を見開いて現実を見てみましょう！　考えてもみてください。もし、世の中に悪意を持つ人々がそんなに多くいるとしたら、もっともっと犯罪だらけの世界になっているはずです。善意を持つ人々がそんなに少なければ、先の大震災時に世界中からあんな心を揺さぶられるようなメッセージが毎日毎日あふれるほど届いたりするでしょうか？　たった5パーセントの人にばかり注目するのは、金輪際なしにしましょうね。あなたが本当はとても素晴らしい存在であるように、他の人も本当はとても素晴らしい存在なのですから……。

「人間の素晴らしさ」を実感して生きよう！

「ありのままの自分」を心がける

幸せに生きている人は、いつもできるだけ自然体で「ありのままの自分」でいようと心がけているものです。人は、育つ過程で「他人の目に自分がどう映るのか」という基準を徹底的に植えつけられてしまいますが、このためいつも「演技する自分」が生まれてしまい、「演技する自分」と「本当の自分」との自己分裂を引き起こしてしまうことを理解しているためです。

私もご多分にもれず、小さい頃からよく「普通でいろ」とか、「出る杭は打たれる」とか聞かされて育ちました。大人になったときには、自分の中で「こうしたい」という自分と、「他人からこう見られるから、こうしなければいけない」というような「自己分裂」を起こしている自分を発見していました。そのためいつもどこか苦しく、人生を生きることさえ苦痛に感じていたものです。

私の場合は、若くして「演技する自分」がいることに気づいたため、そこから脱皮することができたのですが、多くの人は、若い頃に苦しくても、それがなんだかわからずに来てしまうため、今度は「演技する自分」のほうが当たり前になってしまうのです。そして、いつも「演技する自分」と「本当の自分」の間で行ったり来たりしているために、自分で自分のことがわからなくなってしまいます。だからこそ、「本当は自分はなにを求めているのか？」「本当は自分はどんな人生を送りたいのか？」というとても重要で、しかも自分にしかわからない問いかけにさえ答えられなくなってしまいます。

「演技する自分」のもうひとつの大きな弊害は、「自分を心から愛することができない」ということです。多くのみなさんは、「ご自身のことを愛していますか？」という問いかけに対し、「愛している」と答えるかもしれません。でも、本当の自分自身はどこかで気づいているのです。あなたがいつも「演技している」ことを……。このため、他人からいくら褒められようと、他人からいくら「あなたっていい人ね！」と言われようと、実は心底自分を愛することなどできないのです。

さて、心の底で実は自分を嫌っているとすると、一体どんなことになると思います？　基本的には「嫌だ、嫌だ！」と思っているので、当然「引き寄せの法則」によってネガティブなことを無意識にたくさん引き寄せてしまいますよね。また、自分が自分を「嫌な人」だと無意識に思っているわけですから、これも当然のことながら「あなたを嫌う人」が周りにたびたび出現してしまうことでしょう。

1年半ほど前のことだったでしょうか。匿名の読者から突然こんなメールをいただいたことがあります。

「今日、結婚式を挙げました。相手は親が希望した人です。親のことを考えると『離婚』も口にできそうにありません」

確かこんな内容のものでした。結婚式の晩にこのようなメールを送ってくるのですから、「結婚式」という人生で最も幸せなひとときが、この方にとってはとても苦しい時間であったことは容易に理解できました。私としてもとても悲しい内容でしたが、「演技する自分」が当たり前になってしまうと「こんなことになってしまいますよ」という典型的な例のような気がしました。

また、こういう人は「親の言いなりになってしまった自分」を責め、嫌ってしまうものです。

あなたの幸せと他の人々が感じる幸せは違うものです。あなたの幸せは、あなたの頭で徹底的に考え、そしてあなたの心で感じ、自分の幸せは自分の手で創り上げていってください。あなたは「幸せになるために生まれてきた」のですから……。

まずは「自分」というものをもっと大切にしましょう。例えば、「ＮＯ」と言いたいときには、「嫌われるんじゃないだろうか？」とか、「もう誘ってくれなくなるんじゃないか？」などと心配せずに、素直に「ＮＯ」と言ってみましょう。なにも他人とケンカしろと言っているわけではありませんが、他人からどう見られるかなどと気にせずに、自分の思いに忠実でいてください。

そして、できるだけ「ありのままの自分」でいてください。ありのままの自分とは、別の言い方をすると、「たとえ誰かと一緒にいても、またひとりでいても、いつも同じ自分でいる」ということです。ときには、「他人に嫉妬してしまう自分」とか、「他人に怒りを感じてしまう自分」など、「変な自分」も多々発見することでしょう。でも、そんなときも「なにやってるの！」「どうしてあなたはいつもこうなの？」などと、まるでヒステリックな母親のようになるのではなく、もっと大きく温かい目で見てあげてください。「まぁ～、私ったらなんてチッポケなんでしょう」とか、「やだわ～、まだこんな部分が残ってるのね？　ま、でもこんなところも案外面白いわよね？」とか……。

つまり、一刻も早く「ありのままの自分」になって、「ありのままの自分」を丸ごと愛してあげてくださいということです。そうなることによって、やっと心の底から「自己嫌悪」「自己否定」「自己不信」をシャットアウトできるのです。そして、「他人から自分がどう見られているのか？」など気にならなくなり、また他人からの評価や賞讃を求める気持ちなどもまったく薄れてしまいます。

そして、最後には自分自身といつも一緒にいることがとても楽しくなってきます。だからこそ、年中「嬉しいなぁ」「楽しいなぁ」という思いもまた発信できるわけです。いつも幸せな人々とは、決して自分から切り離すことのできない「私」という存在が大好きで、「ありのままの私」を丸ごと受け入れ、そして思いっきり愛している人なのです。

あなたは「ありのまま」で幸せになれる人！

「自分自身」も「人生」も自分が創っていることを自覚している

「引き寄せの法則」を深く理解している人々は、「自分自身」も、そして「自分の人生」も自分が創り上げていることを日々自覚して生きています。

まず、「自分は、自分が考えた通りの人間になっている」ことを知っています。例えば、「私はなにをやっても上手くいかない」と自分で思い込んでいる人は、本当になにをやっても上手くいかないでしょうし、「私は、魅力的ではない」と信じてしまっている人は、なぜか周りの人にも「魅力的でない人」に映ってしまっていることでしょう。また、「私は孤独だ」と思っていれば、孤独な現実を創り上げてしまいます。「引き寄せの法則」によって、あなたの「思い」や「考え」（原因）が、あなたという人（結果）も創り上げてしまうからです。

このように「引き寄せの法則」を深く理解している人は、「自分の価値」は決して他人に決められるものではなく、「自分の価値は自分が決めている」ことがちゃんとわかっているのです。

このため、自分にネガティブなレッテルを貼るようなことはまずしません。それどころか、日々、自分のセルフ・イメージを高めるようなことばかりをしているのです。

まず、「私はとっても価値がある」という信念を心に刷り込んでいます。そして、「私はなんて幸せなんだろう！」「私はなんて豊かなんだろう！」「私はなんて健康なんだろう！」というような自分にとってポジティブな言葉を毎日何度も何度も意識的に繰り返し、潜在意識に送りこんでいるのです。

また、自分の人生についても同じです。「人生は苦の連続だ」と考えている人の人生は、本当に苦の連続になるでしょうし、「人生は闘いだ」と信じている人の人生は、なぜか闘うことばかりが多いものになることでしょう。これも「引き寄せの法則」によって、あなたの「信じていること」（原因）が、あなたの人生（結果）となって現れているだけなのです。

「引き寄せの法則」を深く理解する人は、「人生は自分で創造していくものだ」とはっきり自覚しているので、人生に対してもポジティブな考え方ばかりを意識的に発信し続けているのです。「人生は楽しく素晴らしい冒険だ！」とか、「人生は自分の思い通りになるものだ」とか……。

反対に、「引き寄せの法則」を知らない、「引き寄せの法則」を深く理解していない人は、無意識にこれとは反対のことばかりを日々繰り返しています。つまり根本的には「自分には価値がない」と思い込んでいて、「自分は自分が考えた通りの人間になっている」ことなど思いもよらないので、「あ～あ、私はいつもヘマばっかり」とか、「また貧乏くじ引いちゃったわ」などと、ネガティブな言葉ばかりを送り続けます。

そして、自分の人生についても「自分が人生を創造している」とは思いもしないため、相変わらず「人生なんて、上手くいかないのが当たり前」とか、「人生なんて所詮こんなもんよね」などと、ネガティブな思いばかりを抱いているのです。こんな思いばかりが出ていては、上手くいくハズがありませんよね。

「引き寄せの法則」を深く理解し、「自分」も「自分の人生」も自分自身が創り上げていることをはっきりと自覚している人の最大の特徴は、思いっきり「自分に頼る」ということです。「自分の幸せを創るのは自分だ！」とわかっているので、自分の内側に入り、自分の思考や感情を意識的に最大限利用して、自らの思いで幸せを築き上げようとします。

そうでない人は、「自分」も「自分の人生」も自分が創り上げているとは思いもしないために、なにかあるとすぐに「誰かがなんとかしてくれないだろうか？」と考え、いつも他者に依存するのです。他者に依存し続けている限り、いつまで経っても自分の価値を認めることなどできなくなってしまいます。

さあ、ここでもう一度、あなたの中にある最大最強の宝物であるあなたの「創造力」に思いを馳せてみてください。この「創造力」がいつでも「あなた」と「あなたの人生」を創り上げているのです。だったら、あなたにとってできるだけ最高の「あなた自身のイメージ」とあなたにとってできるだけ幸せな「あなたの人生のイメージ」を描かない手はありませんよね？　あなたの「創造力」に限界はないのですから、思いっきり自由自在に描きましょう。

そして、ポジティブな言葉によっても、どんどん自分の望むイメージに近づいていってみてください。あなたの新しいその「考え方」が潜在意識にちゃんと届いたとき、あなたは新しい自分と素晴らしい人生に出会い、自ら驚くことになるハズですよ。

あなたには驚くほど価値がある！

自分の人生を情熱的に生きる！

幸せに生きている人々は、人生にいつもさらなる夢や希望を持ち、情熱的に生きています。本書の中で平櫛田中という日本の彫刻家のことをすでにご紹介しましたが、彼は１０７歳で亡くなる直前まで創作活動を続け、没後、彼のアトリエにはなお30年以上も続けて制作できるだけの彫刻用の材木があったと言われています。きっと１４０歳くらいまでの創作計画を彼自身の中で描いていたのでしょう。それにしても、すごいですよね！

幸せに生きている人は、いくつになっても自分の人生に思いっきり恋をしているようなものです。「自分の思い通りに人生を創り上げることができる」と信じているので、当然、自分の大好きなことをやりながら、より素晴らしい人生を、より幸せな人生を創り上げていくことが生きていくことの根幹になっているのです。

また、自分が常に変化し、前へ前へと進んでいくことに無上の喜びを感じています。と同時に、自分はまだまだ成長できると信じているので、自分の中の「まだ見ぬ可能性」にいつもワクワクしていると言っても過言ではないでしょう。「生きること」そのものが、まるで「チャンスに満ちあふれた一大冒険」のようであり、したがって楽しくて楽しくてたまらないのです。

でも多くの人は、残念ながらそのまったく逆を行ってしまっています。たとえ夢や希望を抱くことがあったとしても、「どうせ叶うわけがない」と早々に諦めてしまうので、ほとんどが今日という日は昨日という日の繰り返し……。また、「自分が変化し、成長する」ということよりも、「安定」こそが「安心感」をもたらすと信じ込んでしまっているために、たとえ目の前の状況がどんなに不満足な状態であっても目先の「安定」にしがみつき、変化を恐れます。

そして、「自分のまだ見ぬ可能性」があることにも気づかず、たとえそれがあることを知ったとしてもなかなか信じることなどできません。自分の未知なる人生に期待やワクワク感など抱くことなどできず、その代わり、日々、刹那的な目先の楽しみばかりを追い求めることとなってしまうのです。すべての人の中にはまだまだ素晴らしい可能性が秘められているというのに、これではあまりに「人生」がもったいなさ過ぎますよね？

「あなたが恋い焦がれるような人生って、どんな人生ですか？」「あなたが『私の人生ってなんて素晴らしいんだろう！』と感激してしまうような人生ってどんな人生でしょう？」

一度、あなた自身にじっくりと問いかけ、時間をかけてその答えをぜひ探してみましょう。

テレビを見ていたら、今では「野球の楽しさを世界中の子どもたちに伝えたい」と活動されていらっしゃる王貞治さんがこんなことをおっしゃっていました。「もう一度生まれ変わったとしても、私は野球選手になりたい」と……。王さんは野球を死ぬほど愛し、ご自身の野球一筋の人生を心から愛していらっしゃるのでしょう。「生まれ変わっても、また同じことをやりたい」なんて、本当に本当に幸せな人生を生きていらっしゃる代表のような方だと思います。

私もこれまでの人生の中で、何度も何度も「まだ見ぬ自分」に出会い、それを楽しんできました。そして、これからも手の届かないほどの大きな夢を掲げているので、その夢に向かってさらに「まだ見ぬ自分の可能性」と「まだ見ぬ自分」にワクワクしながら、いつも通り「ビジュアライゼーション」をし、夢を形に変えていくつもりでいます。

余談ですが、自分の成長を楽しみ、人生を情熱的に生きている人が最後に辿りつくところはみな同じところのようです。それは「他の人々への貢献」です。「どうしたら自分はもっと世の中の人々のお役に立てるのだろうか?」「どうしたら自分はもっと世界中の人々の幸せに貢献できるのだろうか?」と果てしなく夢が広がっていくからです。

自分の目をもっともっと広い世界に向け、もっともっと高い目標に目を向けてみましょう!

あまりにも小さな夢や目標しか立てられないから、情熱がちっとも湧いてこないこともあります。また、大きくて高い目標を掲げて生きていないから、目の前の小さな、どうでもいいような日々の出来事が悩みの種になってしまうのです。寝ても覚めても忘れることができないほど情熱を傾けられる夢や希望があれば、その他のことなんて気にもならないことでしょう。

これからは、あなたのエネルギーや時間を決してダラダラと無駄に浪費するのではなく、ネガティブなほうにばかり向けているのではなく、もっと「思いっきり生きること」そのものにこそ活かすようにしてください。そして、自分の人生に情熱を注ぎ、人生を心の底から味わいつくしましょう。「なんて素晴らしいんだ！」「なんて素敵なんだ！」と、まるであなたの人生をあなた自身が狂おしいほど恋しているかのように。

もっともっと広く！　もっともっと高く！

あとがき

さあ、「幸せを振りまく先駆者」になりましょう！

本書では、多くの方々に共通するであろう「ネガティブな考え方の癖」の代わりに「ポジティブな考え方の癖」を日々の生活の中で身につけ、心をできる限り「いい状態」に保つためのヒントを記させていただきました。この中で「この考え方いいかも」とか、「これなら出来そう！」とピンと来るものがあったら、たとえひとつでもふたつでも結構ですからぜひ使ってみてください。みなさんの「幸せな人生」のお役に立つことが少しでもできるのなら、私にとってこの上ない喜びです。

そして、どうか「ネガティブな考え方の癖」にがんじがらめにされている状態から一刻も早くご自身を開放して、自らの手で本当に幸せな人生をドンドン築き上げていってください。あなたこそが「引き寄せの達人」となり、楽しくて嬉しくてたまらないほどの人生を生き始め、周りの人に対しても「幸せを振りまく先駆者」となっていっていただきたいと思っています。

最後になりましたが、本書の執筆にあたっては、たくさんの方々にご協力いただきました。私の著書の読者のみなさま、全国各地の私のコーチングのクライアント様、そして友人・知人から素敵な体験談をご提供いただきました。本当にどうもありがとうございました。

また、一作目から編集を担当していただいた津田千鶴さんと、退職した彼女を引き継いで今回の企画をご提案くださった講談社生活文化第二出版部の藤枝幹治さんにこの場をお借りして心から御礼申し上げます。

きっと「引き寄せの達人」「幸せを振りまく先駆者」となられるであろうあなたに、いつか、どこかでお会いできることを今から心待ちにしています。

著者

著者略歴

水谷友紀子

みずたに・ゆきこ――1963年、神奈川県に生まれる。ミズーリ大学ジャーナリズム学部雑誌学科を卒業する。帰国後、国会議員公設秘書、市議会議員（2期）などを経て著述業に。26歳の時に「引き寄せの法則」に出会い、人生上大きな3つの奇跡を体験し、「夢は叶う」「思考は現実になる」と実感。以来、20年にわたり意識と心について研究、実験を重ね、数えきれないほどのものや状況を引き寄せることに成功、「人生を思い通りにする方法」を確立した。「自分の可能性を最大限発揮しよう！」をコンセプトに2010年から、自己啓発コーチ〝ハートのコーチ〟として活動を開始。はじめての著書『誰でも「引き寄せ」に成功するシンプルな法則』（講談社）は日本人の「引き寄せ」成功者が書いた本として大きな話題となる。2作目『私も運命が変わった！　超具体的「引き寄せ」実現のコツ』（同）とともに、読者に「奇跡」が続出中である。

http://www.yukiko-mizutani.jp/

やればやるほど実現《じつげん》する！
「引《ひ》き寄《よ》せ」に成功《せいこう》する人《ひと》がやっている小《ちい》さな習慣《しゅうかん》

二〇一二年一〇月二九日　第一刷発行

著者――水谷友紀子《みずたにゆきこ》

装画――国分チエミ

装丁――アルビレオ

発行者――鈴木　哲　**発行所**――株式会社講談社

東京都文京区音羽二丁目一二―二一　郵便番号一一二―八〇〇一

電話　編集〇三―五三九五―三五二九　販売〇三―五三九五―三六二二　業務〇三―五三九五―三六一五

本文組版――朝日メディアインターナショナル株式会社

印刷所――慶昌堂印刷株式会社　**製本所**――株式会社国宝社

落丁本・乱丁本は購入書店名を明記のうえ、小社業務部あてにお送りください。送料小社負担にてお取り替えいたします。

なお、この本の内容についてのお問い合わせは生活文化第二出版部あてにお願いいたします。

ISBN978-4-06-217973-7

定価はカバーに表示してあります。